GÜTERSLOHER TASCHENBÜCHER

GTB 655

Uwe Herrmann

Geboren 1956, Religionswissen-
schaftler und Journalist, ist
Redakteur bei der evangeli-
schen Wochenzeitung
»Unsere Kirche« in Bielefeld.

Uwe Herrmann

BASIS

Heilige Schriften WISSEN
der Weltreligionen

Gütersloher Verlagshaus

Originalausgabe

Die Deutsche Bibliothek – CIP-Einheitsaufnahme

Heilige Schriften der Weltreligionen / Uwe Herrmann. – Orig.-Ausg. –
Gütersloh : Gütersloher Verl.-Haus, 2000
(Gütersloher Taschenbücher ; 655 : Basiswissen)
ISBN 3-579-00655-X

ISBN 3-579-00655-X
© Gütersloher Verlagshaus, Gütersloh 2000

Umschlaggestaltung: INIT, Bielefeld
Satz: Fotosetzerei Steggemann, Herford
Druck und Bindung: Těšínská Tiskárna AG, Český Těšín
Gedruckt auf chlorfrei gebleichtem Werkdruckpapier

Printed in Czech Republic

Inhalt

Vorwort

Die heiligen Schriften des Judentums

Die heiligen Schriften des Christentums

Die heiligen Schriften des Islam

Die heiligen Schriften des Hinduismus

Die heiligen Schriften des Buddhismus

Was steht in der Bibel, dem heiligen Buch der Christen, was im Koran der Muslime? Was bedeutet den Juden die Tora? Hat auch der Hinduismus eine heilige Schrift oder sogar mehrere? Und welche Schriften sind im Buddhismus heilig? Das sind die wesentlichen Fragen, auf die das vorliegende Taschenbuch eine Antwort zu geben versucht.

Dieser Intention entsprechend wird jeweils mit der gebotenen Ausführlichkeit der formale Aufbau einzelner Schriften oder auch eines ganzen Schriftenkanons dargestellt und erläutert. Was die Aufbereitung der Inhalte der heiligen Schriften anbetrifft, wurden bewußt in der Regel längere Textpassagen zitiert, in der Absicht, auf diese Weise hier und dort etwas anklingen zu lassen von der Eigenheit und den charakteristischen Wesenszügen der in den Blick genommenen Religionen.

Wer einmal eine Bibel- oder eine Koranausgabe zur Hand nimmt, dem wird sofort klar, daß hier nur ein sehr grob gewirkter roter Faden durch das heilige Schrifttum der großen Weltreligionen gezogen werden kann. Mein Anliegen ist es, ein erstes Verständnis zu wecken dafür, *warum, woran* und vielleicht auch *wie* im einzelnen geglaubt wird.

Kurz noch eine Anmerkung zur Form der angegebenen historischen Daten. Sie richten sich durchgängig nach der gewohnten christlichen Zeitrechnung. *v.C.* steht also für *vor Christus* und *n.C.* für *nach Christus.*

Weiterführende Literaturhinweise am Ende des Bandes geben all denen, die eine tiefergehende Auseinandersetzung wünschen, eine weitere Orientierung.

Enger, im April 2000   *Uwe Herrmann*

Die heiligen Schriften des Judentums

Vorbemerkung

Hebräisch ist eine alte, bis auf den heutigen Tag gesprochene Sprache, deren Anfänge im dritten *vorchristlichen* Jahrtausend liegen. Es ist die Sprache der Juden. Und Hebräisch ist auch die Sprache ihrer religiösen Texte, deren Schriftquellen teilweise aus dem ersten *vorchristlichen* Jahrtausend stammen. Der schriftlichen Fixierung ihrer Anschauungen und Traditionen geht eine über viele Generationen wortgetreu übermittelte, mündliche Überlieferung voraus. Wer sich mit den heiligen Schriften des Judentums befaßt, taucht also ein in eine sehr alte, fremd anmutende Vorstellungswelt, die es aber zu entdecken lohnt, nicht zuletzt um eines tieferen Verständnisses unserer abendländisch-christlichen Kultur willen, deren eine wesentliche Wurzel das Judentum ist.

Im hebräischen Urtext der fünf Mose-Bücher, um die es hier geht, steht als Gottes Eigenname mit über 6000 Nennungen am häufigsten die Konsonantenfolge JHWH, von Nichtjuden gelegentlich auch mit »Jahwe« wiedergegeben, sinngemäß zu übersetzen mit »Ich bin, der ich bin«. Ein gläubiger Jude spricht das vierbuchstabige Wort selbst nicht aus, sondern verwendet bei der Schriftlesung zur Umschreibung etwa das hebräische Wort »adonai« (Herr) als Gottesbezeichnung. Er folgt damit einem Gebot, das ihm auferlegt, den Namen Gottes nicht zu mißbrauchen (2. Mose 20,7). Durch die sprachliche Zurückhaltung bekundet der Gläubige seine tiefe Ehrfurcht vor der Einzigartigkeit Gottes. Diese ernst zu nehmende Intention soll nicht in Abrede gestellt werden, wenn im folgenden der Begriff »Gott« verwendet wird.

Ursprung und Bedeutung der Tora

In der Übersetzung der Zürcher Bibel von 1978, die allen Zitaten in diesem Kapitel zugrunde liegt, heißt es: »*Mose aber stieg hinauf zu Gott. Und der Herr rief ihm vom Berge aus zu und sprach: So sollst du zum Hause Jakobs sprechen und den Söhnen Israels verkünden: ›Ihr habt selbst gesehen, was ich den Ägyptern getan und wie ich euch auf Adlersflügeln getragen und euch hierher zu mir gebracht habe. Und nun, wenn ihr auf meine Stimme hört und meinen Bund haltet, so sollt ihr vor allen Völkern mein Eigentum sein; denn mein ist die ganze Erde. Ihr sollt mir ein Königreich von Priestern werden und ein heiliges Volk.‹ Das sind die Worte, die du den Israeliten sagen sollst. Da ging Mose hin, berief die Ältesten des Volkes und legte ihnen alle diese Worte vor, die der Herr ihm aufgetragen hatte. Und das ganze Volk antwortete einmütig: Alles, was der Herr befohlen hat, wollen wir tun. Und Mose überbrachte dem Herrn die Antwort des Volkes.«* (2. Mose 19,3–8)

Dieser sogenannte Bundesschluß zwischen Gott und dem Volk Israel nach seiner Befreiung aus der ägyptischen Fronarbeit, der hier beschrieben wird, ist rückblickend betrachtet das entscheidende Ereignis, das im Fortgang zur Entstehung der jüdischen Religion, dem heutigen Judentum, geführt hat. In diesem Bundesschluß, der noch einmal an anderer Stelle in 2. Mose 24,1–11 erwähnt wird, hat auch die Vorstellung von der besonderen Auserwähltheit ihren Ursprung. Denn eigentlich wird erst mit diesem, wenn man so will, Vertrag auf Gegenseitigkeit das Volk Israel auch zum Volk Gottes.

Mose, der um die Mitte des 13. *vorchristlichen* Jahrhunderts gelebt hat, kommt als Folge des Bundesschlusses eine zentrale Rolle zu. Denn er wird, wie es in den Schriften heißt, von Gott mit der Führung des aus zwölf ursprünglich einzelnen Stämmen gebildeten neuen Volkes Israel beauftragt. Über diese Funktion hinaus ist er in besonderer Weise Sprachrohr zwischen Gott und seinem Volk. Darum ist Mose es auch, dem der Überlieferung nach Gott selbst auf dem Berg Sinai erscheint, um ihm seinen Willen zu bekunden. Das wird als Offenbarung bezeichnet.

Die tatsächliche geographische Lage des Berges Sinai (oder Horeb), der in dem zitierten Text als derjenige Ort gemeint ist, wo dieses entscheidende Ereignis stattgefunden hat, ist ungewiß. Die jüdische Tradition ist der Auffassung, der »Gottesberg« befinde sich im Südteil der Sinai-Halbinsel. Anderen Aussagen zufolge könnte er im nordwestarabischen Vulkangebiet (nord-)östlich des Golfes von Akaba liegen. Gläubigen Juden gilt der Berg als heilig, weil sie überzeugt sind, daß Mose hier auch die »Tora« von Gott geoffenbart worden ist. Die Tora, die unter anderem die »Zehn Gebote« enthält, ist die heilige Schrift des Judentums. Aus der »sefer tora«, also den Tora-Rollen, wird jeweils bei den jüdischen Gottesdiensten am Sabbat in der Synagoge oder an jüdischen Feiertagen vorgelesen.

Tora werden in der hebräischen Sprache jene fünf Mose-Bücher genannt, die Christen aus ihrer Bibel als ersten Teil des Alten Testaments kennen. Diese Bücher werden zusammenfassend als »Gesetz«, denn das bedeutet das hebräische Wort »tora« wörtlich, bezeichnet. Diese Bezeichnung ist leicht mißverständlich. Jedenfalls dann, wenn die darin verbrieften 613 Vorschriften – es sind im einzelnen 245 Ge- und 368 Verbote – ungeachtet des Gesamtzusammenhangs, in dem sie stehen, einzig und allein nach juristischem Verständnis als ein Katalog von Vorschriften für den praktischen Lebens- und Glaubensvollzug aufgefaßt werden, die es zu beachten gilt. Und wer annimmt, damit seien im wesentlichen Richtlinien für eine gute Lebensführung im ethisch-moralischen Sinne gemeint, greift aufs Ganze gesehen auch zu kurz.

Vielmehr ist Gesetz hier in einem umfassenderen Sinne zu verstehen als eine von Gott gegebene, sämtliche Lebens- und Daseinsbereiche durchwirkende und umfassende Ordnung. Und nur insofern sollte von der jüdischen Religion auch als von einer »Gesetzes«-Religion gesprochen werden. Denn das Regelwerk der Zehn Gebote und die Vielzahl detaillierter Opfer- und Speisevorschriften und religiösen, sittlichen und rechtlichen Vorschriften ist, betrachtet man die Tora als Gesamtheit, eingebettet in einen heilsgeschichtlichen Plan Gottes mit seinem auser-

wählten Volk. Der Gläubige sieht darum in der Tora weit
mehr eine ihm und seinen Glaubensbrüdern und -schwestern zuteil werdende göttliche Weisung. Deren Beachtung
ist darum ganz wesentlich eine Frage der grundsätzlich um
Gerechtigkeit und einen gottgefälligen Lebenswandel bemühten religiösen Haltung der Gemeinschaft. Und diese
Grundhaltung hat ihre tiefere Begründung in dem Bundesschluß Gottes mit seinem Volk. Im Kern wird in der
Tora die in Schriftform vorliegende Offenbarung des Willens des als einzig und allmächtig vorgestellten, über Himmel und Erde erhabenen Schöpfergottes gegenüber seinem
auserwählten Volk gesehen.

Aufbau und Inhalt der Tora

Übersicht über die fünf Bücher der Tora

Die Tora, die vornehmste Offenbarungsurkunde der Juden, gliedert sich in fünf Bücher. Diese werden zwar traditionell Mose als Verfasser zugeschrieben und aus diesem
Grund oft einfach »Mose-Bücher« genannt, stammen aber
nicht aus seiner Feder. Textkritische Untersuchungen haben vielmehr ergeben, daß sowohl mehrere Autoren als
auch mehrere Quellen, aus denen die Texte gespeist werden, anzunehmen sind. Und diese stammen überwiegend
aus der Zeit zwischen dem zehnten und sechsten *vorchristlichen* Jahrhundert.

Die Juden bezeichnen diese fünf Mose-Bücher jeweils
nach den ersten hebräischen Wörtern des ersten Satzes als:
1. Bereschith (Am Anfang),
2. Weeleh Schemoth (Dies sind die Namen),
3. Wajjiqra (Und er rief),
4. Bemidbar (In der Wüste) und
5. Eleh haddebarim (Dies sind die Worte).

Neben der sonst bekannten rein numerischen Einteilung dieser Textsammlungen in 1., 2., 3., 4. und 5. Buch

Mose ist noch eine andere, mehr inhaltlich orientierte Bucheinteilung üblich. Diese Einteilung wurde aus der ältesten Übersetzung des ursprünglich hebräischen Alten Testaments, der griechischen »Septuaginta« (LXX), übernommen. Der Name geht auf eine Legende zurück, derzufolge an der seit etwa Mitte des 3. Jhdts. v.C. etappenweise erfolgten Übersetzung 70 Übersetzer mitgewirkt haben. In dem entsprechenden Teil darin, dem »Pentateuch« (fünf Bücher), heißen diese Bücher mit griechischem bzw. latinisiertem Titel:

1. Genesis (Buch der »Entstehung«),
2. Exodus (Buch des »Auszugs«),
3. Leviticus (Buch des »Kultus«),
4. Numeri (Buch der »Zahlen«) und
5. Deuteronomium (Buch des »zweiten Gesetzes«).

Im folgenden werden die Inhalte der einzelnen Tora-Bücher in Auszügen wiedergegeben und erläutert.

Das erste Buch (Genesis)

Das erste Buch der Tora, Genesis, schildert in den ersten elf Kapiteln in Varianten die »Urgeschichte« von der Entstehung der Erde und des Universums, wie sie sich in den Vorstellungen der Menschen damals mit den ihnen zur Verfügung stehenden Mythen und Bildern vollzogen hat. Dieser Teil beginnt mit der Schöpfung und schließt ab mit der Erzählung vom Turmbau zu Babel. Beginnend mit der Berufung Abrahams wird ab dem zwölften bis zum Schlußkapitel 50 die Geschichte der sogenannten Stammväter erzählt.

»Am Anfang schuf Gott den Himmel und die Erde.« Mit diesen Worten beginnt der Schöpfungsbericht über die Entstehung der Welt in 1. Mose 1,1–2,4a. In den einzelnen, insgesamt sechs, Schöpfungsschritten werden demzufolge von Gott nacheinander am ersten Tag das Licht von der Finsternis und am zweiten Tag die Feste – gemeint

ist das darüber sich wölbende Firmament bzw. der Himmel – vom Wasser geschieden. Am dritten Tag werden Land und Meer und die ersten Pflanzen geschaffen und am vierten Tag der Reihe nach Sterne, Sonne und Mond. Es folgen Wassertiere und Vögel am fünften und die Landtiere am sechsten Schöpfungstag. Dieser sechste Schöpfungstag ist dem Bericht zufolge auch der Zeitpunkt, wo der Mensch – in dieser Interpretation als krönender Abschluß des den gesamten Kosmos umgreifenden Schöpfungsaktes – von Gott geschaffen wird (1. Mose 1,27–31).

Der siebte und letzte Tag wird hier ausdrücklich als ein Ruhetag, den Gott als solchen segnet und heiligt, beschrieben. Die Sabbatheiligung – wie übrigens auch die in 1. Mose 17,10 ff. beschriebene Praxis der Beschneidung, die im Judentum bei männlichen Neugeborenen üblicherweise am achten Tag nach der Geburt vorgenommen wird – gilt als äußerliches Zeichen des zwischen Gott und seinem Volk geschlossenen Bundes. Darin liegt die Besonderheit dieses Tages für die Juden bis heute und die tiefere theologische Begründung für die zu beachtenden teilweise recht strengen Sabbat-Vorschriften.

Ein zweiter erwiesenermaßen älterer Schöpfungsbericht schließt sich unmittelbar an in 1. Mose 2,4b–25. Er unterscheidet sich von dem ersten Text zum einen darin, daß das Hauptaugenmerk des Schreibers in erster Linie auf alles Irdische gerichtet ist; der Himmel wird nur beiläufig erwähnt. Zum anderen ist der – in der hier beschriebenen Vorstellung aus einem Erdklumpen gebildete – Mensch nicht End- sondern Ausgangspunkt des göttlichen Schöpfungsaktes (1. Mose 2,4–7).

Ungeachtet der Unterschiede, ist die erkennbare Absicht beider Berichte, des Menschen herausragende Sonderstellung vor allen anderen Geschöpfen deutlich zu machen.

Folgt man dem Text weiter, wird die anfängliche Harmonie, deren wesentliches Merkmal der unmittelbare

Kontakt zwischen Gott und seiner Schöpfung ist, alsbald
gestört durch den als »Sündenfall« bekannten, von einer
Schlange verursachten, Verstoß der ersten beiden Menschen Adam und Eva gegen Gottes Verbot, vom »Baum der
Erkenntnis« zu essen. Mit der Vertreibung aus dem Garten
Eden, einem im Grunde heiligen Bereich, in dem Gott unmittelbar gegenwärtig ist und der in dieser Vorstellung
nichts mit einem schlaraffenlandähnlichen Paradies zu tun
hat, als Folge des Fehlverhaltens wird die vorläufige Tren-
nung besiegelt.

Ungehorsam, Überheblichkeit und Uneinsichtigkeit
des Menschen beantwortet Gott mit Strafen, während
Wohlverhalten belohnt wird. Dieses Motiv durchzieht in
der Tora-Interpretation fortan das gesamte Geschehen von
Anbeginn wie ein roter Faden. Negativer Höhepunkt der
Schuld-und-Sühne-Geschichte in diesem ersten Buch ist
die Erzählung von der Sintflutkatastrophe, deren Dauer
mal mit 40, mal mit 150 Tagen angegeben wird. Nur Noah,
der als gottgehorsam und gerecht beschrieben wird, seine
Familie und eine kleine Auswahl Tiere überleben das alles
andere Leben vernichtende Hochwasser in einer selbstge-
bauten Arche.

Nach der Sintflut, so heißt es, schließt Gott einen
Bund mit Noah und setzt zum Zeichen des Neubeginns einen Regenbogen in die Wolken. Mit der Erzählung über
den Turmbau zu Babel, einer Stadt, die aus Tora-Perspek-
tive als Mittelpunkt gottlosen Planens und Handelns gilt
und darum von Gott wegen ihres Hochmuts mit Verwirrung der Sprachen bestraft wird, endet dieser Teil über die
Urgeschichte der Menschheit wenig tröstlich.

Der hier einsetzende zweite Teil (Kapitel 12–50) gibt
dem weiteren Geschehen eine neue Wendung. Er hat die
Geschichte der Patriarchen Abra(ha)m (wahrscheinlich
um 1800 v.C. geboren), Isaak und Jakob und der Söhne Jakobs, insbesondere Josephs, zum Inhalt. Jeder der späteren
zwölf Stämme Israels führt seine Herkunft auf einen solchen »Stammvater«, letztlich auf Abraham, zurück.

Abraham, so heißt es, wurde von Gott berufen, seine Heimat Ur in Chaldäa (gemeint ist Mesopotamien, das »Zweistromland« zwischen Euphrat und Tigris) zu verlassen und sich auf den Weg in das Land Kanaan zu machen: *»Und der Herr sprach zu Abram: Ziehe hinweg aus deinem Vaterlande und aus deiner Verwandtschaft und aus deines Vaters Hause in das Land, das ich dir zeigen werde; so will ich dich zu einem großen Volke machen und dich segnen und deinen Namen berühmt machen, daß er zum Segensworte wird. Segnen will ich, die dich segnen, und wer dir flucht, den will ich verfluchen; und mit deinem Namen werden sich Segen wünschen alle Geschlechter der Erde. (1. Mose 12,1–3)* Zwar erreichte Abraham, wie zu lesen ist, das noch von den Kanaanitern beherrschte Land, doch machte eine Hungersnot ein Ausweichen nach Ägypten notwendig. Die Eroberung selbst erlebte Abraham nicht mehr. Er starb auf ägyptischem Boden.

Mit Kanaan werden im Alten Testament Gesamt-Palästina (wörtlich: Land der Philister) oder Landesteile Palästinas – West-/Ostjordanland – bezeichnet. Es gilt als heiliges, weil von Gott verheißenes Land (hebräisch: Erez Israel).

Die in diesem ersten Buch der Tora ausführlich geschilderte wechselvolle Geschichte der Stammväter Abraham, Isaak und Jakob endet damit, daß Jakob, den Tod vor Augen, seine zwölf Söhne zu sich bittet und sie segnet. Das sind nach dem Zeugnis der Schrift: Ruben, Simeon, Levi, Juda, Sebulon, Issaschar, Dan, Gad, Asser, Naphthali, Joseph und Benjamin. An diesen Söhnen, die im Grunde jeder einen eigenen Volksstamm repräsentieren, soll sich die Abraham gegebene Verheißung erfüllen, in Kanaan zu einem großen Volk zu werden. Das und die Landnahme selbst erfolgte aber erst Jahrhunderte später um 1000 v.C. unter König David, der Jerusalem nach der Eroberung zur Hauptstadt seines Reiches machte.

Das zweite Buch (Exodus)

Das in 40 Kapitel untergliederte zweite Buch der Tora, Exodus, das den Auszug aus Ägypten zum Inhalt hat, setzt ein mit der Schilderung der Knechtschaft des Volkes der Israeliten in dem Land am Nil unter einem neuen Herrscher. Historiker vermuten, daß es sich bei dem Pharao, der in 4. Mose 33,3 namentlich genannt wird, um Ramses II. (etwa 1300–1230 v.C.) gehandelt hat.

Das Ereignis, das das Schicksal der Israeliten wendet und während der Regierungszeit dieses Pharaos dann zum Auszug aus Ägypten führt, ist die hier geschilderte Berufung des Mose durch Gott, der ihm in einem brennenden Dornbusch begegnet und sich als *»Ich bin der Gott deines Vaters, der Gott Abrahams, der Gott Isaaks und der Gott Jakobs«* (2. Mose 3,6) zu erkennen gibt. *»Und der Herr sprach: Ich habe das Elend meines Volkes in Ägypten wohl gesehen, und ihr Schreien über ihre Treiber habe ich gehört; ja ich kenne ihre Leiden. Darum bin ich herniedergestiegen, sie aus der Gewalt der Ägypter zu erretten und sie aus jenem Lande hinauszuführen in ein schönes, weites Land, in ein Land, wo Milch und Honig fließt, in das Gebiet der Kanaaniter, Hethiter, Amoriter, Pheresiter, Hewoiter und Jebusiter. Nun ist das Schreien der Israeliten zu mir gedrungen, ich habe auch gesehen, wie hart die Ägypter sie bedrücken. Wohlan, so will ich dich denn zum Pharao senden, daß du mein Volk, die Israeliten, aus Ägypten führest. (2. Mose 3,7–10)*

Als der Pharao von den Plänen erfährt, so der Text, weigert er sich zunächst, die Israeliten ziehen zu lassen. Von den von Gott geschickten Plagen – zuerst verwandelt er das Nilwasser in Blut (Wasserpest), nacheinander kommen Frösche, Stechmücken, Stechfliegen über das ganze Land, desweiteren Viehpest, Blattern, Hagel, Heuschrekken, Finsternis und schließlich werden alle Erstgeborenen der Ägypter getötet – hat erst die zehnte Plage den gewünschten Erfolg. Der Pharao läßt die Israeliten, die von

Mose angeführt werden, ziehen. Die Heilsgeschichte Gottes mit seinem Volk beginnt.

Zur Erinnerung an die ägyptische Unterdrückung, die Befreiung und den Exodus feiern die Juden alljährlich das acht Tage dauernde »Pessach«-Fest. Mit dem siebentägigen »Sukkot«-Fest (Laubhüttenfest) wird der Zeit der Wüstenwanderung, die 40 Jahre gedauert haben soll (4. Mose 32,13), und der besonderen Umstände, die das Nomadenleben mit sich brachte, gedacht.

Daß die Ägypter die Ausziehenden verfolgen, um sie wieder zu versklaven, nutzt Gott den Texten zufolge dazu, den Israeliten seine Macht zu demonstrieren. Er läßt die ägyptischen Heerscharen im Schilfmeer umkommen, durch das die Israeliten vorher ungefährdet ziehen konnten. Als sie, wie es heißt, nach drei Monaten in die Wüste Sinai gelangen, kommt es am Berg Sinai zum eingangs dieses Kapitels beschriebenen Bundesschluß zwischen Gott und seinem Volk. Mit dem »Schawuot«-Fest (Wochenfest) – eigentlich ein Erntefest – wird jedes Jahr an die Offenbarung auf dem Sinai erinnert.

Wenige Tage nach dem Bundesschluß soll Gott Mose und, vermittelt durch ihn, seinem Volk die folgenden »Zehn Gebote« (Dekalog) mitgeteilt haben: *»Ich bin der Herr, dein Gott, der dich aus dem Lande Ägypten, aus dem Sklavenhause, herausgeführt habe; du sollst keine andern Götter neben mir haben. Du sollst dir kein Gottesbild machen, keinerlei Abbild, weder dessen, was oben im Himmel, noch dessen, was unten auf Erden, noch dessen, was in den Wassern unter der Erde ist; du sollst sie nicht anbeten und ihnen nicht dienen; denn ich, der Herr, dein Gott, bin ein eifersüchtiger Gott, der die Schuld der Väter heimsucht bis ins dritte und vierte Geschlecht an den Kindern derer, die mich hassen, der aber Gnade übt bis ins tausendste Geschlecht an den Kindern derer, die mich lieben und meine Gebote halten. Du sollst den Namen des Herrn, deines Gottes, nicht mißbrauchen; denn der Herr wird den nicht ungestraft lassen, der seinen Namen mißbraucht. Gedenke des Sabbat-*

tages, daß du ihn heilig haltest. Sechs Tage sollst du arbeiten und all dein Werk tun; aber der siebente Tag ist ein Ruhetag, dem Herrn, deinem Gott, geweiht. (...) Denn in sechs Tagen hat der Herr Himmel und Erde gemacht und das Meer und alles, was in ihnen ist, und er ruhte am siebenten Tage; darum segnete der Herr den Sabbattag und heiligte ihn. Ehre deinen Vater und deine Mutter, auf daß du lange lebest in dem Lande, das der Herr, dein Gott, dir geben will. Du sollst nicht töten. Du sollst nicht ehebrechen. Du sollst nicht stehlen. Du sollst nicht falsch Zeugnis reden wider deinen Nächsten. Du sollst nicht begehren nach dem Hause deines Nächsten: du sollst nicht begehren nach dem Weibe deines Nächsten, nach seinem Sklaven oder seiner Sklavin, nach seinem Rinde oder seinem Esel, nach irgend etwas, was dein Nächster hat. (2. Mose 20,2–17)

Es folgt in 2. Mose 20,22–23,19 eine auch als »Bundesbuch« bezeichnete Rechtssammlung mit detaillierten sozialen und kultischen Anweisungen, die man durchaus als Ausführungsbestimmungen des Dekalogs auffassen kann. Sie stammen aus späterer Zeit, wahrscheinlich aus der Zeit nach der Seßhaftwerdung im Lande Kanaan, und sind hier nachträglich eingefügt worden.

Das Umtanzen und Anbeten eines zuvor aus eingeschmolzenem Schmuck gegossenen goldenen Kalbes, von dem dann in Kapitel 32 berichtet wird, wird als Rückfall in heidnische Bräuche und als Mißachtung Gottes gewertet und verurteilt. Mose, vom Berg Sinai mit den beiden Gesetzestafeln kommend, zerbricht dem Text zufolge angesichts der schweren Verfehlung des Gottesvolkes voller Zorn zunächst die Tafeln. Es heißt, er habe das Kalb vernichtet und anschließend Gott für die Freveltat seines Volkes um Vergebung gebeten. Die schließlich erneuerten Gesetzestafeln hat Mose dann, wie es heißt, in die »Bundeslade« gelegt, die die Israeliten zuvor eigens dafür als Gottes Heiligtum errichtet hatten.

Die Bundeslade wird fortan mitgeführt bei der Wanderung des Gottesvolkes durch die Wüste. Sie gilt den Israeliten als ein sichtbares Zeichen des am Sinai erfolgten Bundesschlusses. Die Lade befindet sich in einem besonders ausgestatteten und geweihten heiligen Zelt, der »Stiftshütte«. De facto ist die Stiftshütte ein mobiles Gotteshaus. Mit der Schilderung der Einwohnung Gottes in seinem Heiligtum endet dieses zweite Buch.

Das dritte Buch (Leviticus)

Das dritte Buch der Tora, Leviticus, enthält die in dieser Ausgefeiltheit wohl auch erst nach der Seßhaftwerdung in Kanaan ausformulierten Kultgesetze. Diese Gesetze sind zwar seit der Eroberung Jerusalems durch Titus (39–81 n.C.) und der auf sein Geheiß hin erfolgten Zerstörung des Tempels dort durch die Römer im Jahre 70 n.C. außer Kraft gesetzt. Sie leben nach Überzeugung der jüdischen Gesetzeslehrer aber in dem Moment wieder auf, wenn der von den Juden erwartete Messias kommt und den neuen Tempel bauen wird.

»Messias« heißt »Gesalbter« und ist eine in jener Zeit für Könige übliche Bezeichnung. Diese Bezeichnung wurde um das Jahr 600 v.C. unter den Israeliten auch gebräuchlich für einen sehnsüchtig erwarteten zukünftigen Heilsbringer. Dahinter stehen die während des babylonischen Exils gemachten schmachvollen Erfahrungen, als die Israeliten unter das Zepter der Babylonier gerieten. Das einstmals unter ihrem König David in 40jähriger Herrschaft um 1000 v.C. aus den beiden Teilen Juda und Israel zu einem Ganzen vereinigte und unter seinem Sohn Salomo fortgeführte Großreich war damals zerfallen.Von dem erwarteten Messias erhoffte man sich nun, daß er das unterjochte und in der Zerstreuung (Diaspora) lebende Volk wieder unter einer Herrscherkrone vereint, letztlich eine Weltherrschaft nach dem Vorbild des davidischen Königreiches aufrichtet. Das Königtum Davids markiert den Höhepunkt politischer und religiöser Machtentfaltung in

der Geschichte Israels. Von David wird gesagt, er habe einst
die Bundeslade nach Jerusalem, die neue Hauptstadt seines
Reiches, gebracht und es damit zu einem politischen und
zugleich religiösen Zentrum gemacht.

Von der Königszeit Davids und Salomos handeln insbesondere die Bücher 2. Samuel und 1. Könige und die Chronik-Bücher. Von der Bedeutung Davids künden auch die
zahlreichen ihm zugeschriebenen Psalmen. Diese Schriften
finden sich außerhalb der Tora im zweiten bzw. dritten Teil
der hebräischen Bibel, auf deren formalen Aufbau gegen
Ende dieses Kapitels noch kurz eingegangen wird.

Das dritte Buch der Tora läßt sich inhaltlich gliedern
in: Anweisungen für Volk und Priester zur Durchführung
der verschiedenen Opfer (Kapitel 1–7), Schilderung der
ersten Opfer (Kapitel 8–10), Kultreinheitsgesetze (Kapitel
11–15), Ritual für den großen »Versöhnungstag« (Kapitel
16), eine religiöse und sittliche Vorschriften enthaltende
Rechtssammlung (Kapitel 17–26), »Heiligkeitsgesetz« genannt, und Regelungen für Abgaben (Kapitel 27).

Einzugehen ist zunächst auf das im 16. Kapitel beschriebene Ritual für den großen »Versöhnungstag« und
dabei insbesondere auf die für den jüdischen Glaubensvollzug zentrale Bedeutung der Begriffe von »Reinheit«
und »Unreinheit«. Der Text schildert, was Aaron, der Bruder des Mose, zu tun hat, um mit Gott wieder ins reine zu
kommen. Anders gesagt geht es darum, eine die Begegnung
mit Gott hindernde Unreinheit zu beseitigen und sich wieder mit Gott zu versöhnen.

Ursache der Verunreinigung ist »*ein ungehöriges Feu-
eropfer*«, das zwei seiner vier zum Priester geweihten Söhne
dem Herrn zuvor dargebracht haben (3. Mose 10,1), heißt
es im Text. Auch wenn sie ihre Verfehlung mit dem Leben
bezahlen mußten, bedarf es dennoch besonderer Verrich-
tungen Aarons, um die ursprüngliche Reinheit wieder her-
zustellen. Dazu gehören unter anderem der Vollzug be-
stimmter Waschungen, das Einhalten fester Fastenzeiten
und verschiedene Opferungen, die nach detaillierten An-

weisungen durchzuführen sind. Das ganze Prozedere dieser kultischen Reinigung gilt dem zuvor durch Fehlverhalten der Söhne Aarons verunreinigten Heiligtum mit der Lade, seiner Familie und letztlich – und das zeigt das ganze Ausmaß und die Bedeutung dieser kultischen Handlung – dem gesamten Volk Israel, das durch die Tat der Söhne ebenfalls unrein geworden ist. Im Text heißt es: »*So schaffe er Sühne für das Heiligtum wegen der Unreinheiten der Israeliten und wegen all der Übertretungen, mit denen sie sich versündigt haben, und dasselbe tue er für das heilige Zelt, das bei ihnen weilt inmitten ihrer Unreinheiten. Es darf aber kein Mensch im heiligen Zelte sein, wenn er hineingeht, um im Heiligtum die Sühne zu vollziehen, bis er wieder herauskommt. So soll er sich und seinem Hause und der ganzen Gemeinde Israels Sühne schaffen. (...) Wenn er so die Sühne für das Heiligtum, für das heilige Zelt und für den Altar vollendet hat, soll er den lebenden Bock herzubringen. Dann soll Aaron beide Hände auf den Kopf des lebenden Bockes stützen und über ihm alle Verschuldungen und alle Übertretungen bekennen, mit denen die Israeliten sich versündigt haben, und soll sie dem Bock auf den Kopf legen und ihn durch einen bereitstehenden Mann durch die Wüste treiben lassen.*« (3. Mose 16,16+17, 20+21)

In diesem Sinne verstanden als Rückkehr zu Gott und als Reinigung von allen Sünden wird bis auf den heutigen Tag der »Jom Kippur« (Versöhnungstag) jedes Jahr Mitte September/Mitte Oktober gefeiert. Er ist der bedeutendste Tag, den die Erwachsenen mit strengem Fasten begehen. So wie in früheren Zeiten einem »Sündenbock«, der dann in die Wüste gejagt wurde, ist es heute in manchen Gegenden noch Brauch, einem Hahn dem überkommenen Ritus entsprechend »die Sünden aufzuladen«.

Das »Heiligkeitsgesetz« in den Kapiteln 17 bis 26 enthält Bestimmungen über das Heiligtum, Anforderungen an die Priester, Opfervorschriften, Festgesetze (unter anderem für den Sabbat und das Laubhütten-Fest), aber auch Bestimmungen über geschlechtliches Verhalten. Nach der stets wiederkehrenden Einleitungsformel »*Und der Herr redete mit Mose und sprach*« und der folgenden Nennung des Adressaten der Botschaft heißt es etwa im 19. Kapitel überleitend zu den religiösen und sittlichen Vorschriften: »*Rede mit der ganzen Gemeinde der Israeliten und sprich zu ihnen: Ihr sollt heilig sein, denn ich bin heilig, der Herr, euer Gott.*« Heilig ist hier zu verstehen im Sinne der kultischen Absonderung von anderen »heidnischen« Praktiken.

Das vierte Buch (Numeri)

Das vierte Buch der Tora, Numeri, das Buch der Zahlen, gliedert sich in 36 Kapitel. Es beginnt mit den Volkszählungen in der Wüste. Ohne eine unmittelbar erkennbare Systematik stehen Verordnungen und gesetzliche Texte – etwa eine Wiederholung der »Zehn Gebote« – neben Berichten über Erlebnisse auf dem Wüstenzug.

In diesem Buch wird vorwiegend vom Weg des Volkes Israel durch die Wüste, vom Sinai zum Ost-Jordanland, berichtet. Das Volk Israel steht den Schilderungen zufolge kurz vor seinem Ziel, der Landnahme Kanaans, muß jedoch aus Gründen der eigenen Sicherheit noch einen Umweg über das Ost-Jordanland in Kauf nehmen. So gelangen sie an das Nordende des Golfs von Akaba. Erzählt wird von ersten Siegen, die bei den im Namen Gottes blutigen und schonungslos geführten Kämpfen mit den als feindlich betrachteten Völkern errungen werden.

Das fünfte Buch (Deuteronomium)

Das fünfte Buch der Tora, Deuteronomium (»zweites Gesetz«) enthält die Gesetzgebung, die Mose »*jenseits des Jordan im Lande Moab*« dem Volk vorgetragen haben soll. Die mißverständliche Bezeichnung dieses Buches, die nahelegt, es sei damit eine Neuauflage des mosaischen Gesetzes gemeint, geht zurück auf 5. Mose 17,18. Dort heißt es, daß der König, der dann in dem verheißenen Land vom Volk Israel als sein Herrscher eingesetzt wird, sich eine »*Abschrift dieses Gesetzes*« in ein Buch schreiben lassen soll, das sich bei den levitischen Priestern befindet. Tatsächlich jedoch handelt es sich um das von König Josia 621 v.C. eingeführte neue Gesetzbuch, das eine gründliche Reform des Gottesdienstes vorsieht und Jerusalem zum religiösen Hauptzentrum, ja zur einzigen Kultstätte Israels, erklärt. Hier allein sollten künftig Opfer dargebracht und die großen Feste gefeiert werden. Josia (639–609 v.C.) herrschte über Juda, das er aus der Abhängigkeit Assyriens lösen konnte. Dieses Juda bildete zum Zeitpunkt der Teilung des Königreichs Davids und Salomos etwa 300 Jahre zuvor das Süd-, Israel das Nordreich. Nach dem Untergang des Nordreichs war Juda das Reich, in dem die Frömmigkeit des Volkes Israel unter Josia eine neue Blütezeit erlebte.

Zum Sondergut des Deuteronomiums, dessen übrige Gesetze etwa zur Hälfte schon aus dem 2. und 4. Buch Mose bekannt sind, zählen alle Satzungen, die auf eine Zentralisierung des Kultes und des Kultortes abzielen. In diesem Zusammenhang sind auch die gesetzlichen Kapitel 12 bis 26 (insbesondere 5. Mose 12,1 ff.) zu sehen in diesem letzten, insgesamt 34 Kapitel umfassenden Teil der Tora.

Zu den Besonderheiten jüdischer Religiosität gehören die strengen Speisegesetze (kaschrut) und die genauen Zubereitungsvorschriften, die der Gläubige zu beachten hat. Dazu ein Auszug: »*Dies sind die Tiere, die ihr essen dürft: Rind, Schaf und Ziege, Hirsch, Gazelle, Damhirsch, Steinbock und die Antilopenarten, und alle Tiere, die gespaltene Klauen, und zwar zwei ganz durchgespaltene Klauen, haben und Wiederkäuer sind unter den Tieren, die dürft ihr essen. Doch dürft ihr von denen, die wiederkäuen, und von denen, die ganz gespaltene Klauen haben, folgende nicht essen: das Kamel, den Hasen, den Klippdachs – denn sie sind zwar Wiederkäuer, haben aber keine ganz gespaltenen Klauen; als unrein sollen sie euch gelten – und das Schwein; denn es hat zwar gespaltene Klauen, und zwar ganz durchgespaltene Klauen, ist aber kein Wiederkäuer; als unrein soll es euch gelten. Von ihrem Fleisch*

*dürft ihr nicht essen, und ihren Leichnam dürft ihr nicht be-
rühren.«* (5. Mose 4,4–8) Es folgen noch Auflistungen zu
Wassertieren und Vögeln, die gegessen bzw. nicht gegessen
werden dürfen. In der Praxis ergibt sich aus der Befolgung
dieser Vorschriften bis heute das Erfordernis einer eigenen
Versorgung mit Nahrungsmitteln, die »koscher« (von hebräisch »kascher« = erlaubt, tauglich), das heißt diesen
Speisegesetzen entsprechend ausgewählt und zubereitet
sein müssen. Erinnert sei in diesem Zusammenhang an das
zuvor über Reinheit und Unreinheit Gesagte.

Eine weitere Besonderheit in jener Zeit, in der sonst
der Glaube an mehrere Gottheiten (Polytheismus) üblich
war, ist das ausdrückliche Bekenntnis zu einem einzigen
Gott (Monotheismus). In 5. Mose 6,4+5 heißt es: *»Höre Israel: der Herr, unser Gott, ist ein Herr. Und du sollst den
Herrn, deinen Gott, lieben von ganzem Herzen, von ganzer
Seele und mit aller deiner Kraft.«*

Dieses fünfte Buch und damit die Tora endet mit der
Schilderung des Lebensendes und Todes von Mose (Kapitel
31–33), der, das verheißene Land vor Augen, stirbt: *»Und
der Herr sprach zu ihm: Dies ist das Land, das ich Abraham,
Isaak und Jakob zugeschworen habe, indem ich sprach: ,Dei-
nen Nachkommen will ich es geben. Ich habe es dich mit deinen Augen schauen lassen, aber dort hinüber sollst du nicht
kommen. Und Mose, der Knecht des Herrn, starb daselbst im
Lande Moab nach dem Wort des Herrn. Und er begrub ihn im
Tale, im Lande Moab, gegenüber Beth-Peor, und niemand
kennt sein Grab bis auf diesen Tag.«* (5. Mose 34,4–6)

Die hebräische Bibel

Kanonisierung und Aufbau

Die Tora als erster Teil bildet im Verein mit den »Propheten«
(nebiim) und den »Schriften« (ketubim) als zweitem und
drittem Teil die hebräische Bibel, das heilige Buch der Juden.
In Kurzform nennen Juden ihre Bibel auch »Mose und die

Propheten«. Dieser insgesamt 24 Bücher umfassende Kanon
– damit sind hier die im Judentum offiziell und als für die
Gläubigen verbindlich anerkannten religiösen Schriften gemeint – wurde erst im ersten nachchristlichen Jahrhundert
endgültig festgelegt. Die Rabbiner, wie die Schriftgelehrten
oder jüdischen Theologen genannt werden, haben auf mehreren Versammlungen, unter anderem in Jerusalem (65
n.C.) und in Jabne-Jamnia (um 90 n.C.), entschieden, welche Texte aufgenommen werden und welche nicht.

Der jüdische Kanon, wie er heute vorliegt, deckt sich
in Form und Inhalt – Abweichungen gibt es allerdings in
der Reihenfolge – im wesentlichen mit dem Alten Testament, den Christen als ersten Teil ihrer Bibel kennen. Der
Vollständigkeit halber seien hier noch die beiden anderen
Teile der hebräischen Bibel und ihre Untergliederungen
kurz genannt.

Zum zweiten Teil der hebräischen Bibel, in dem die Erzählungen über das Wirken und die Verkündigung der
Propheten ihren Niederschlag gefunden haben, gehören in
jüdischer Tradition insgesamt acht Bücher: Die vier »früheren Propheten« (die Bücher Josua, Richter, Samuel und
Könige) und die vier »späteren Propheten« (die Bücher
Jesaja, Jeremia, Hesekiel und das »Zwölfprophetenbuch«).

Der dritte Teil umfaßt die Psalmen, das Buch Hiob, das
Buch der Sprüche Salomos, die fünf »Festrollen« (das sind
das Buch Ruth, das Hohelied Salomos, das Buch der Prediger, die Klagelieder und das Buch Esther) und schließlich
das Buch Daniel, Esra-Nehemia und die beiden Chronik-
Bücher. Insgesamt besteht dieser dritte Teil also aus elf
Büchern.

Der Talmud

Der Talmud (hebräisch: lamad = Studium, Belehrung [der
Tora]), wegen seines hohen Stellenwertes auch als »mündliche Tora« bezeichnet, gilt im Judentum als bedeutendstes

Sammelwerk, das in einem Dutzend dickleibiger Bände die
vielgestaltige geistige Arbeit von Jahrhunderten bündelt.
Im Talmud ist besonders das ständige Bemühen der
Schriftgelehrten um eine zeitgemäße Auslegung der Tora
erkennbar.

Die Grundlage des Talmud ist die Mischna (hebräisch:
Mündliche »Wiederholung«), eine Ende des zweiten *nachchristlichen* Jahrhunderts redigierte Sammlung der bis zu
dieser Zeit ausgebildeten jüdischen Gesetzesüberlieferung
(halacha). Dabei geht es im wesentlichen darum, in fort-
während Auseinandersetzung mit den aktuellen Gege-
benheiten Richtlinien für einen untadeligen Wandel in Gesetz und Frömmigkeit zu gewinnen. Die Mischna ist in
sechs Teile gegliedert: 1. Landbau, 2. Feste, 3. Frauen, 4. Zi-
vil- und Kriminalrecht, 5. Opfer und Geweihtes, 6. Reines
und Unreines.

Unterschieden wird zwischen einem Jerusalemer und
einem babylonischen Talmud. Der babylonische Talmud
hat heute die weit größere Bedeutung, weshalb er in aller
Regel gemeint ist, wenn vom Talmud die Rede ist.

Der Jerusalemer Talmud ist etwa Anfang des 5. Jhdts.
n.C. entstanden. Es handelt sich um eine Sammlung des in
den Gelehrtenschulen der Städte Tiberias und Sepphoris
auf galiläischem Boden und in Caesarea aufgestapelten
Traditionsstoffes. Er ist in galiläisch-aramäischer Sprache
geschrieben. Zwei Drittel des darin Abgehandelten sind
Gesetzesdiskussionen (halacha), ein Drittel enthalten erzählerisches, d. h. nichtgesetzliches Material (haggada).

Der babylonische Talmud, wie der Name schon sagt,
in Babylonien entstanden, ist in babylonisch-aramäischer
Sprache geschrieben. Er entstand in der ersten Hälfte des
6. Jhdts. n.C. Der weit überwiegende Teil, etwa fünf Sech-
stel des Stoffes, sind Gesetzesdiskussionen (halacha). Der
restliche Teil enthält nichtgesetzliches erzählerisches (haggada) Material.

Die heiligen
Schriften
des Christentums

Die zweigeteilte Bibel der Christen

Das Neue Testament

Vorbemerkung

*»Was noch verborgen ist, steht bei dem Herrn, unserm Gott;
was aber offenbar ist, gilt uns und unsern Kindern ewiglich,
damit wir alle Worte dieses Gesetzes erfüllen.«* (5. Mose
29,29) – Dieses in der Tora gezogene Fazit unterstreicht
nachdrücklich, daß die hebräische Bibel aus jüdischer
Sicht keiner »Erfüllung« oder Ergänzung mehr bedarf. Das
wird im Christentum anders gesehen. Auch wenn die hebräische Bibel inhaltlich identisch ist mit dem Alten Testament der christlichen Bibel und als solche offenkundig für
Christen und Juden gemeinsame Offenbarungsgrundlage
ist, hat sie nach christlichem Verständnis nur vorläufigen
Charakter. Aus dieser Perspektive ist sie das »Alte Testament« (AT), das nach dem Zeugnis der Tora als Kristallisa-
tionspunkt des Glaubens den »Alten (göttlichen) Bund«
hat, geschlossen zwischen Gott und seinem auserwählten
Volk Israel. Wegen des auf ein einziges Volk beschränkten
Heilsangebotes (Charakteristikum einer »Volksreligion«)
wird in der Gottes-Offenbarung am Sinai »nur« eine, wenn
auch unabdingbar notwendige, Vorstufe der endgültigen
göttlichen Offenbarung gesehen. Diese hat für die Christenheit erst mit dem Erscheinen Jesu Christi, dessen Leben und Wirken im darum sogenannten »Neuen Testament« (NT) bezeugt wird, und mit dem durch ihn geschlossenen »Neuen (göttlichen) Bund« ihre Vollendung
gefunden.

   Mit dem Kreuzestod und der Auferstehung Jesu Christi, des Sohnes Gottes, wurde die nach christlichem Glauben und Bekenntnis alle Menschen von Gott trennende
Sünde getilgt und damit die Menschheit im Grunde von allem Leiden, aller Vergänglichkeit erlöst. Wer sich zu Jesus
Christus als seinem Herrn bekennt und ihm nachfolgt, hat
nach christlicher Überzeugung das ewige Leben. Diese
grundlegend neue universale Sichtweise und das daraus er-
wachsende Heilsangebot an alle Menschen (Charakteristikum einer »Weltreligion«), die das Christentum von Anbe-

ginn prägt, wirkt auch zurück auf die Interpretation des Alten Testaments, dessen Inhalte infolgedessen anders gedeutet und ausgelegt, ja relativiert werden.

Die zweigeteilte Bibel der Christen

Kanonisierung und Übersetzungen

Das heilige Buch der Christen ist die Bibel, die »Heilige Schrift«, auch als das »Buch der Bücher« bezeichnet, um ihre Sonderstellung zu betonen. Der Ausdruck Bibel ist dem lateinischen Wort »biblia« (Buch) bzw. dem griechischen Wort »biblion« (Buch) entlehnt. Die Kanonisierung der Bibel der Christen mit ihren beiden großen Teilen Altes Testament und Neues Testament, das heißt die als abgeschlossen geltende Sammlung der mit einer für Glauben und Leben der Gläubigen als allgemein verbindlich anerkannten Schriften, war um 200 n.C. im wesentlichen und bis zum 4. Jhdt. n.C. endgültig abgeschlossen. Schon um die Mitte des 2. Jhdts. n.C. berichtet Justin, ein zum Christentum bekehrter Wanderphilosoph (um 165 n.C.), daß die Evangelien im sonntäglichen Gottesdienst verlesen werden. In den christlichen Gemeinden früh allgemein anerkannt, so besagen es historische Quellen, waren auch die Paulus-Briefe. Ebenso genossen die Apostel, die urchristlichen Missionare, die im Auftrag Jesu die christliche Botschaft weitergaben, große Autorität. Ihre Wirksamkeit hat ihren Niederschlag in der Apostelgeschichte gefunden.

In die Frühzeit des Christentums fällt die Übersetzung der gesamten Bibel ins Lateinische durch Hieronymus (347–420 n.C.), einen Gelehrten der altlateinischen Kirche. Seiner im Auftrag des Papstes Damasus I. erarbeiteten »Vulgata« (wörtlich: die allgemein Gebräuchliche), die kirchlicherseits erst 1546 n.C. auf einem Konzil in Trient offiziell anerkannt wurde, liegt für das Alte Testament der hebräische Urtext, in einigen Teilen die schon im vorigen

Kapitel genannte griechische Bibel-Übersetzung »Septuaginta«, zugrunde. Für die Übersetzung der in griechischer Sprache abgefaßten Handschriften des Neuen Testaments griff der Kirchenvater auch auf um das 2. Jhdt. n.C. entstandene Itala-Texte zurück. Das sind zum Teil nur fragmentarisch erhaltene ältere lateinische Übersetzungen neutestamentlicher Schriften.

Formaler Aufbau der Bibel

Das Alte Testament, erster Hauptteil der Bibel der Christen, gliedert sich in drei große Gruppen mit insgesamt 39 Büchern:

1. 17 Geschichtsbücher, die die Heilsgeschichte des Volkes Israel enthalten (das sind: die fünf Mose-Bücher, die Bücher Josua, Richter und Ruth, die beiden Samuel-Bücher, die beiden Bücher der Könige, die beiden Chronik-Bücher, die Bücher Esra, Nehemia und Esther);
2. fünf poetische Bücher, die Dichtung im weiteren Sinn enthalten (das sind: das Buch Hiob, der Psalter, die Sprüche Salomos, der Prediger Salomo und das Hohelied Salomos);
3. 17 prophetische Bücher, die das enthalten, was Menschen in Gottes Auftrag prophezeit, also vorhergesagt haben (das sind: Jesaja, Jeremia, die Klagelieder Jeremias, Hesekiel, Daniel, Hosea, Joel, Amos, Obadja, Jona, Micha, Nahum, Habakuk, Zephanja, Haggai, Sacharja und Maleachi).

Die Katholische Kirche zählt noch sechs weitere Bücher als zum alttestamentlichen Kanon gehörend dazu. Diese »apokryphen« Bücher, die sich aber sowohl in der griechischen »Septuaginta« finden als auch in der lateinischen »Vulgata«, sind: die beiden Bücher der Makkabäer, die Bücher Judith, Tobit, Jesus Sirach und das Buch der Weisheit.

Der zweite Hauptteil der Bibel, in Abgrenzung zum ersten als Neues Testament bezeichnet, wird auch »Gute Nachricht« genannt. Und wenn gelegentlich verkürzt von der »Frohen Botschaft« die Rede ist, bezieht sich das ebenfalls auf diesen Bibelteil. Das insgesamt 27 Schriften bzw. Schriftsammlungen umfassende Neue Testament, aus dem in diesem Kapitel in Auswahl nach der Zürcher Bibel von 1978 zitiert wird, gliedert sich:

1. in einen geschichtlichen Teil, bestehend aus den vier Evangelien (Matthäus, Markus, Lukas und Johannes) und der Apostelgeschichte;
2. in einen insgesamt 21 Briefe umfassenden Teil. Darunter werden 13 Briefe Paulus als Verfasser zugeschrieben: der Brief an die Römer, zwei Briefe an die Korinther, je ein Brief an die Galater, die Epheser, die Philipper und die Kolosser, je zwei Briefe an die Thessalonicher und an Timotheus, ein Brief an Titus und einer an Philemon. Die übrigen Briefe sind: Der Hebräer-Brief und sieben »katholische«, also allgemeine, nicht an bestimmte Adressaten gerichtete Briefe (der Jakobus-Brief, zwei Briefe des Petrus, drei Briefe des Johannes und der Brief des Judas);
3. mit der Offenbarung des Johannes in einen auf die Zukunft gerichteten Teil.

Das Neue Testament

Die vier Evangelien

Das Herzstück der Bibel sind die vier »Evangelien« (griechisch: euangelion = frohe Botschaft, gute Nachricht) zu Beginn des Neuen Testaments, eine als neue Form religiöser Schriften ureigens christliche Schöpfung. Ihrem Wesen nach handelt es sich dabei eigentlich um mündliche Predigten – darin immer wieder eingewoben Streit- und Schulgespräche, Jesus-Worte und Gleichnisse – in überarbeiteter Form. Bei aller Unterschiedlichkeit im Detail ist ihnen tendenziell gemeinsam ihre Absicht, die irdische Wirksamkeit Jesu, sein Leben und seine Lehren zu bezeugen und ihn zu verherrlichen. Er ist der nach christlicher Auffassung Mensch gewordene Sohn Gottes, der durch seine Verkündigung und durch sein Leiden und Sterben am Kreuz und seine Auferstehung die Gott und Menschen trennende Sünde für alle Zeiten überwunden hat und damit allen Menschen das endgültige Heil, das ewige Leben, anbietet und ermöglicht. Daran wird in der Christenheit in Abendmahlsgottesdiensten bzw. Eucharistiefeiern und besonders in der Passions- und Osterzeit erinnert.

Einander am nächsten stehen, sowohl inhaltlich als auch sprachlich und strukturell, die drei ersten Evangelien – das Matthäus-, das Markus- und das Lukas-Evangelium –, die darum auch als »Synoptiker« (griechisch: Zusammenschau) bezeichnet werden. Sie beginnen jeweils mit einer Vorgeschichte, die im Fall der Evangelisten Matthäus und Lukas auch die Herkunft Jesu (an dessen Geburt erinnert sich die Christenheit jedes Jahr in der Advents- und Weihnachtszeit) und seine Kindheit einschließen, während Markus erst mit der Taufe Jesu einsetzt. Es folgt ein erster Hauptteil, der, beginnend in Galiläa, das Wirken Jesu – insbesondere Krankenheilungen, Predigten, Gleichniserzählungen – thematisiert. Jesu Auftreten jenseits des Jordans in Judäa und Jerusalem ist Inhalt des zweiten Hauptteils, in dem auch von der Unterweisung der Jünger berichtet wird und der mit dem Jesu Einzug in Jerusalem endet. Der dritte Hauptteil handelt von der Leidenszeit Jesu in Jerusalem und seinem Tod am Kreuz. Den Abschluß bilden Berichte über Erscheinungen des Auferstandenen in Galiläa bzw. Judäa.

Von den drei ersten Evangelienberichten unterscheidet sich das zeitlich spätere Evangelium des Johannes, eines der ersten Jünger Jesu, in der Art und Weise, wie der Stoff angelegt, ausgewählt und dargeboten wird, erheblich. So wird hier wiederholt von Reisen Jesu zu Festen in Jerusalem berichtet, wie überhaupt in diesem Evangelium hauptsächlich von seinem Auftreten in diesem Zentrum des Judentums die Rede ist. Nach dem einleitenden Teil (Johannes 1,1–18), in dem an den alttestamentlichen Schöpfungsbericht im ersten Buch Mose angeknüpft wird, folgen in diesem Evangelium im ersten Hauptstück (bis zum 4. Kapitel) auf das Zeugnis Johannes des Täufers und die Berufung der Jünger Beschreibungen über das Wirken Jesu in Galiläa, Judäa, Samarien und wieder Galiläa. Im Mittelteil (Kapitel 5–12) offenbart sich Jesus selbst als Erlöser und Retter der Welt. Auf die daran anschließenden Kapitel 13–17, die unter anderem die Abschiedsreden Jesu und sein Abschiedsgebet enthalten und die in den synoptischen Evangelien keine direkte Parallele haben, folgt die Leidensgeschichte Jesu bis zu seiner Auferstehung (Kapitel 18–20). In einem Nachtrag (Kapitel 21) wird von der Erscheinung des Auferstandenen am See Tiberias und seinem Gespräch mit Petrus, den er in seine Nachfolge beruft, berichtet.

Gegenstand der näheren Betrachtung ist hier im Zusammenhang mit der Reich-Gottes-Vorstellung zunächst das Markus-Evangelium, das nach überwiegender Forschungsmeinung das älteste Evangelium ist. Im Wesentlichen dürfte es nach der Zerstörung des jüdischen Tempels in Jerusalem durch die Römer (70 n.C.) verfaßt worden sein. Matthäus- (80/90 n.C.) und Lukas-Evangelium (80/95 n.C.) werden dabei nur marginal erwähnt. Gleiches gilt für das um 100 n.C. entstandene Johannes-Evangelium. Für die Anfänge der christlichen Kirche ist besonders das Matthäus-, aber auch das Lukas-Evangelium von Bedeutung, die Sondergut dazu enthalten. Zur Darstellung der Leidenszeit Jesu bis zu seiner Auferstehung steht wieder das älteste Evangelium im Mittelpunkt.

Markus beginnt mit dem Auftreten Johannes des Täufers und der Taufe Jesu: »*Anfang des Evangeliums von Jesus Christus (›dem Sohne Gottes‹). Wie geschrieben steht beim Propheten Jesaja: ›Siehe, ich sende meinen Boten vor deinem Angesicht her, der deinen Weg bereiten wird‹; ›(es erschallt) die Stimme eines Rufers in der Wüste: Bereitet den Weg des*

*Herrn, machet seine Straßen gerade‹ (so) taufte Johannes in
der Wüste und predigte, man solle sich taufen lassen auf
Grund der Buße zur Vergebung der Sünden. Und das ganze
jüdische Land zog zu ihm hinaus und alle Bewohner von Jerusalem, und sie ließen sich von ihm im Jordanfluß taufen,
indem sie ihre Sünden bekannten. (...) Und er predigte:
Nach mir kommt der, welcher stärker ist als ich, und ich bin
nicht würdig, mich zu bücken und ihm den Riemen seiner
Schuhe zu lösen. Ich habe euch mit Wasser getauft; er aber
wird euch mit heiligem Geiste taufen. Und es begab sich in jenen Tagen, daß Jesus aus Nazareth in Galiläa kam und sich
von Johannes im Jordan taufen ließ. Und sobald er aus dem
Wasser stieg, sah er die Himmel sich öffnen und den Geist wie
eine Taube auf sich herabschweben. Und eine Stimme er-
scholl aus den Himmeln: ›Du bist mein geliebter Sohn, an dir
habe ich Wohlgefallen gefunden.‹«* (Markus 1,1–11)

Das Buch, aus dem Markus hier gleich zu Beginn – einmal mit Bezug auf Jesaja 40,3 und ein zweites Mal mit Bezug auf Jesaja 42,1 – zitiert, steht im Alten Testament. Es
gehört zu den drei umfangreichsten und wichtigsten der 17
prophetischen Bücher. Immer wieder wird es in den Evangelien namentlich genannt oder wird daraus, wie aus anderen alttestamentlichen Quellen auch, zitiert, um die enge
inhaltliche Verknüpfung zwischen Altem und späterem
Neuen Testament aufzuzeigen. Die Textstellen werden im
neutestamentlichen Kontext als sich jetzt erfüllende Vor-
ankündigung (Verheißung) auf das Kommen Jesu Christi
hin interpretiert.

Jesus, mit dessen Wirken nach christlicher Auffassung
die Heilszeit anbricht und der durch Dämonenaustreibun-
gen, Krankenheilungen und Wundertaten von sich Reden
macht und sehr zum Mißfallen der jüdischen Gelehrten
immer wieder mit überkommenen jüdischen Traditionen
bricht, hat aus Sicht des Evangelisten als Sohn Gottes seine
Legitimation und Autorität von Gott selbst. Sichtbares
Zeichen dieser besonderen Beziehung ist den Texten zufolge Jesu Taufe, bei der der Geist Gottes, der heilige Geist,

wie eine Taube auf ihn herabschwebt. Die öffentlich voll-
zogene Taufe, bei der die Sünden jedes einzelnen, der um-
kehrt (d. h. Buße tut) und sich zum christlichen Glauben
bekennt, symbolisch mit Wasser abgewaschen werden, ist
hier zunächst ein rein äußerlich vollzogener Bekenntnisakt. Durch Jesus erhält der Vollzug der Taufe eine andere
Qualität. Jetzt in einem erweiterten Sinne als »Geisttaufe«
verstanden, soll durch sie über den reinen Bekenntnisakt
hinaus auch eine besondere Beziehung zwischen Jesus
Christus und jedem einzelnen gestiftet werden, der sich zu
ihm bekennt und ihm nachfolgt, das heißt Christ wird.

Jesus, der sich selbst gelegentlich auch »*Menschen-
sohn*« (Markus 8,31; 9,9+12; 13,26; 14,62; Parallelstellen:
Matthäus 17,9+12; 24,30; 26,64; Lukas 21,27) nennt, ist
nach Markus der verheißene Messias (griechisch: christos
= Gesalbter). Er ist dies – und daran wird auch im Markus-
Evangelium kein Zweifel gelassen – seinem Selbstverständnis nach allerdings nicht im politischen Sinne als Befreier
von der römischen Fremdherrschaft und als künftiger
Herrscher über ein zu errichtendes Gottesreich auf Erden
nach dem Vorbild des um 1000 v.C. errichteten Großreichs
unter König David, wie es die Juden jener Zeit erwarteten.
Auch wenn Jesus in den Stammbäumen (Matthäus 1,1;
Parallelstelle: Lukas 3,31) unter anderem auf David zu-
rückgeführt wird oder er immer wieder als »*Sohn Davids*«
(z. B. Markus 12,35–37; Parallelstellen: Matthäus 22,41–
46; Lukas 20,41–44) angesprochen und insbesondere vor
und bei seiner Hinrichtung am Kreuz verächtlich als »*König der Juden*« (Markus 15,9+12+18+26; Parallelstellen:
Matthäus 27,11+29+37; Lukas 23,3+37+38; Johannes
18,33+39; 19,3+19+21) bzw. »*König von Israel*« (Markus
15,32; Parallelstelle: Matthäus 27,42) tituliert wird, ändert
das nichts an diesem Sachverhalt.

Deutlicher wird Jesu besondere Haltung zur Reich-
Gottes-Vorstellung etwa in den Gleichnissen bei Lukas
(Lukas 13,1–53), wo statt dessen von »*Himmelreich*« ge-
sprochen wird, und in einer Passage des Johannes-Evange-

liums, als Jesus dem römischen Statthalter Pontius Pilatus beim Verhör sagt: »*Mein Reich ist nicht von dieser Welt. Wäre mein Reich von dieser Welt, so würden meine Diener kämpfen, damit ich den Juden nicht überliefert werde; nun aber ist mein Reich nicht von hier.*« *(Johannes 18,36)*

Verschiedentlich lassen Aussagen in den synoptischen Evangelien darauf schließen, daß man von einer baldigen Wiederkehr (Parusie) Jesu nach seinem Tod und seiner Auferstehung ausging, ja den Anbruch des Reiches Gottes noch zu seinen Lebzeiten erwartete (Markus 9,1; Parallelstellen: Matthäus 16,28; Lukas 9,27). Andererseits läßt das Matthäus- und insbesondere das Lukas-Evangelium ein Umdenken erkennen. Mit dem Ausbleiben der Wiederkunft – Theologen sprechen hier von »Parusie-Verzögerung« – erhalten andere Überlieferungen Bedeutung, die nicht bei Markus, wohl aber bei Lukas und insbesondere Matthäus zu finden sind, und die darum hier ausführlicher erörtert werden.

Das Matthäus-Evangelium, das als eine Art Handbuch über Jesus und seine Lehren aufgefaßt werden kann, ist zu dem Evangelium der christlichen Kirche schlechthin geworden. Ein wichtiger Text ist die »Bergpredigt« (Kapitel 5–7; Parallelstelle: Lukas 6,20–49), eine Art Lehrbuch für das Leben der Jünger Jesu. Sie wird so genannt, weil hier – in bewußter Analogie zu Mose auf dem Berg Sinai – Jesus auf einem Berg stehend vorgestellt wird, der die nach seinem Verständnis richtige Auslegung des alttestamentlichen Gesetzes lehrt. Will heißen, daß das »Gesetz und die Propheten« (= Synonym für das Alte Testament) in christlicher Interpretation unter Berufung auf Jesus mit seinem Erscheinen überhaupt erst »erfüllt« wird, also seine volle Gültigkeit erst erhält.

Das Wesentliche der Bergpredigt enthalten die »Seligpreisungen«: »*Selig sind die geistlich Armen; denn ihrer ist das Reich der Himmel. Selig sind die Trauernden; denn sie werden getröstet werden. Selig sind die Sanftmütigen; denn sie werden das Land besitzen. Selig sind die hungern und dür-*

sten nach Gerechtigkeit; denn sie werden gesättigt werden.
Selig sind die Barmherzigen; denn sie werden Barmherzigkeit
erlangen. Selig sind, die reinen Herzens sind; denn sie werden
Gott schauen. Selig sind die Friedfertigen (wörtlich: Frie-
densstifter); denn sie werden Gottes Söhne heißen. Selig sind,
die um der Gerechtigkeit willen verfolgt werden; denn ihrer
ist das Reich der Himmel. Selig seid ihr, wenn sie euch schmä-
hen und verfolgen und alles Arge wider euch reden um mei-
netwillen und damit lügen.« (Matthäus 5,1–11: Parallelstelle: Lukas 6,20–22)

Vor diesem Hintergrund werden die alttestamentlichen Gebote und Verhaltensmaßregeln herausgelöst aus
ihrem ursprünglich ausschließlich für das Volk Israel geltenden Bezugsrahmen. Beispielsweise erscheint das altte-
stamentliche Gebot der Nächstenliebe – für Jesus gleich-
rangig mit dem »größten und ersten Gebot«, Gott zu lieben
(Matthäus 22,37–40; Parallelstellen: Markus 12,29–31;
Lukas 10,27) –, dort eingegrenzt auf die Angehörigen des
jüdischen Volkes (3. Mose 19,18), bei Jesus nach dem
Zeugnis der Evangelien als »Du sollst deinen Nächsten lieben wie dich selbst« (etwa Markus 19,19) ohne Einschrän-
kung ausgeweitet auf alle Menschen. Das schließt nach Jesu
Verständnis, wie es hier wiedergegeben wird, selbst die
Feindesliebe ein (Matthäus 5,44).

Die Gebote werden also neu interpretiert. Indem jetzt
an das Gewissen appelliert und die persönliche Verantwor-
tung jedes einzelnen Menschen für seine Lebensführung
herausgestellt wird, für die er sich einst vor Gott rechtferti-
gen muß, erhalten sie zugleich Allgemeingültigkeit. Die
Volksreligion des Alten Testaments wandelt sich im Neuen
Testament zur Weltreligion. Damit liegt auch das Heil, das
ewige Leben, – und das ist das grundlegend Neue – nicht
mehr ausschließlich in der Zugehörigkeit zur jüdischen
Volksgemeinschaft und seiner Gottesbeziehung, sondern
in der durch die persönliche Jesus-Nachfolge geprägten
Gottesbeziehung. Am deutlichsten drücken dies die sogenannten »Ich bin«-Worte Jesu aus, die sich in die-

ser Form nur im Johannes-Evangelium finden: »*Ich bin das Brot des Lebens; wer zu mir kommt, wird nicht hungern, und wer an mich glaubt, wird nimmermehr dürsten.*« *(Johannes 6,35);* »*Ich bin das Licht der Welt. Wer mir nachfolgt, wird nicht in der Finsternis wandeln, sondern er wird das Licht des Lebens haben.*« *(Johannes 8,12);* »*Ich bin der gute Hirt; der gute Hirt gibt sein Leben hin für die Schafe.*« *(Johannes 10,11);* »*Ich bin die Auferstehung und das Leben. Wer an mich glaubt, wird leben, auch wenn er stirbt; und jeder, der lebt und an mich glaubt, wird in Ewigkeit nicht sterben.*« *(Johannes 11,25+26);* »*Ich bin der Weg und die Wahrheit und das Leben; niemand kommt zum Vater außer durch mich. Wenn ihr mich erkannt habt, werdet ihr auch meinen Vater erkennen. Und jetzt schon kennt ihr ihn und habt ihn gesehen.*« *(Johannes 14,6+7):* »*Ich bin der wahre Weinstock, und mein Vater ist der Weingärtner. Jedes Schoß an mir, das nicht Frucht trägt, das nimmt er weg, und jedes, das Frucht, trägt, das reinigt er, damit es mehr Frucht trage.*« *(Johannes 15,1+2)*

Jesus, der sich eins weiß mit Gott, seinem Vater (Johannes 10,30), wendet sich – und das ist sein Hauptvorwurf gegenüber den jüdischen Gesetzeslehrern und Schriftgelehrten – gegen ein Glaubensverständnis, das ausschließlich in einer formalen Einhaltung aus seiner Sicht dann inhaltsleer werdender Gesetze gründet. Um das deutlich zu machen, läßt er den Evangelienberichten zufolge beispielsweise zu, daß seine Jünger entgegen den geltenden jüdischen Vorschriften zur Feiertagsheiligung am Sabbat Ähren essen, weil sie Hunger haben, oder heilt ebenfalls am Sabbat selbst einen Mann.

Die ersten Jünger, die diese Botschaft annehmen und sich um Jesus scharen, und die er dann zu Aposteln beruft und in die Welt aussendet, damit sie seine Erlösungslehre überall verkündigen, sind laut Text: »*Simon, genannt Petrus, und sein Bruder Andreas, dann Jakobus (...) und sein Bruder Johannes, Philippus und Bartholomäus, Thomas und Matthäus der Zöllner, Jakobus (...) und Thaddäus, Simon der Kanaanäer und Judas Ischarioth, der, welcher ihn ver-*

riet.« *(Matthäus 10,2–4, Parallelstellen: Markus 3,16–19; Lukas 6,14–16)* Eine Vorrangstellung unter ihnen hatte Petrus. Er spielt auch in der Apostelgeschichte eine wichtige Rolle. Nach dem Zeugnis des Lukas-Evangeliums ist Petrus der erste Jünger, dem Jesus nach seiner Auferstehung erschienen ist (Lukas 24,34). Auf ihn, dessen Name (nach Johannes 1,24) soviel wie »Fels« bedeutet, will Jesus, wie es einige Kapitel weiter heißt, seine Kirche bauen: »*Du bist Petrus, und auf diesen Felsen will ich meine Kirche bauen, und die Pforten des Totenreichs werden nicht fester sein als sie. Ich will dir die Schlüssel des Reiches der Himmel geben; und was du auf Erden binden wirst, das wird in den Himmeln gebunden sein, und was du auf Erden lösen wirst, das wird in den Himmeln gelöst sein.*« *(Matthäus 16,18+19)*

Nebenbei bemerkt gründet die Institution des Papstamtes und das Autoritätsverständnis des Oberhauptes der (Römisch-)Katholischen Kirche in diesem Schriftwort. Auch der amtierende Papst in Rom gilt, wie alle seine Vorgänger, in diesem Sinn als auf dem »Stuhl Petri« sitzender rechtmäßiger Nachfolger des Apostels Petrus, als »Statthalter Christi auf Erden«.

Etwa nach der Hälfte des Markus-Evangeliums finden sich drei unmittelbare, Jesus selbst zugeschriebene Hinweise auf seine bevorstehende Leidenszeit, seinen Tod am Kreuz und seine Auferstehung. Es sind die drei »Leidensankündigungen«. Jesu Leiden, Sterben und Auferstehung selbst werden in den Schlußkapiteln 14–16 des Markus-Evangeliums und auch in den Schlußkapiteln aller übrigen Evangelien (Parallelstellen: Matthäus 26–28; Lukas 22–24; Johannes 18–21) thematisiert.

Unmittelbar verknüpft mit Jesu letztem Lebensabschnitt ist die Bedeutung des Abendmahls, das Christen seither in Abendmahlsgottesdiensten (Evangelische Kirche) bzw. Eucharistiefeiern (Römisch-Katholische Kirche) zum Gedenken an Jesus Christus feiern, und das er in dieser Situation zum ersten und einzigen Mal mit seinen zwölf Jüngern feiert. »*Und als sie aßen, nahm er Brot, sprach das*

Dankgebet darüber, brach es, gab es ihnen und sagte: Nehmet! Das ist mein Leib. Und er nahm den Kelch, sprach das Dankgebet darüber und gab ihnen denselben; und sie tranken alle daraus. Und er sprach zu ihnen: Das ist mein Blut des Bundes, das für viele vergossen wird. Wahrlich ich sage euch: Ich werde vom Gewächs des Weinstocks nicht mehr trinken bis zu jenem Tage, wo ich es neu trinken werde im Reiche Gottes.« (Markus 14,22–25; Parallelstellen: Matthäus 26,26–29; Lukas 22,14–20)

Es schließt die Erzählung über Jesus im Garten Gethsemane an, wo er nach dem Verrat durch seinen Jünger Judas Ischarioth gefangen genommen wird. Vom »Hohen Rat«, bestehend aus dem amtierenden »Hohenpriester« als oberste jüdische Autorität und einem 70köpfigen Gremium aus Oberpriestern, Ältesten und Schriftgelehrten, vor dem er sich verantworten muß, wird er wegen Gotteslästerung zum Tode verurteilt. Währenddessen wird Jesus von einem seiner treuesten Anhänger, dem Jünger Petrus, wie von ihm vorausgesagt, dreimal verleugnet, was dieser hinterher bitter bereut. Von da an geht es Schlag auf Schlag. Jesus wird tags darauf dem römischen Statthalter Pontius Pilatus überantwortet und vor ihm angeklagt. Um dem Volk Genüge zu tun, wie es bei Markus heißt, und wohl auch, um Unruhen in der römischen Provinz zu vermeiden, wird Jesus, nachdem der ebenfalls angeklagte Barabbas amnestiert wurde, auf Geheiß Pilatus' gegeißelt und zur Kreuzigung abgeführt. Gedemütigt, verhöhnt und verspottet von römischen Soldaten wird er schließlich auf dem Platz Golgotha ans Kreuz geschlagen. Am Kreuz ist nach dem Zeugnis aller Evangelien der Schriftzug »*(Dies ist Jesus,) der König der Juden*« angebracht. Den Tod Jesu am Vortag des Sabbat (der heutige Karfreitag) und die Ereignisse unmittelbar danach beschreibt der Evangelist Markus: »*Da stieß Jesus einen lauten Schrei aus und verschied. Und der Vorhang im Tempel zerriß in zwei Stücke von oben bis unten. Als aber der Hauptmann, der ihm gegenüber in der Nähe stand, sah, daß er auf diese Weise verschieden war,*

*sprach er: Dieser Mensch war in Wahrheit Gottes Sohn.«
(Markus 15,37–39; Parallelstellen: Matthäus 27,50–54; Lukas 23,45–47)*

Noch am Abend desselben Tages wird dem Schrift-
zeugnis zufolge Jesu Leichnam begraben. Am Tag nach
dem Sabbat (in christlicher Tradition der Ostersonntag),
so heißt es, hätten Maria aus Magdala und Maria, die Mutter des Jakobus, das Grab leer vorgefunden. Das Evangelium endet mit dem Bericht über die ersten Erscheinungen
des Auferstandenen und seiner Himmelfahrt, wo er zur
Rechten Gottes sitzt (daran wird am »Himmelfahrtstag«
erinnert). Unmittelbar vor seiner Himmelfahrt soll Jesus
die als »Aussendungsrede« oder als »Missionsbefehl« bekannt gewordenen Worte gesprochen haben: *»Gehet hin in
alle Welt und prediget das Evangelium allen, die erschaffen
sind! Wer gläubig geworden und getauft worden ist, wird
gerettet werden; wer aber nicht gläubig geworden ist, wird
verurteilt werden.« (Markus 16,15+16)*. Auf dieses Wort berufen sich die ersten Missionare, die Apostel, über deren
Taten in der Apostelgeschichte berichtet wird.

Die Apostelgeschichte

In 28 Kapitel ist die im 1. Jhdt. n.C. entstandene Apostelgeschichte untergliedert. Sie greift, abgesehen von denkba-
ren schriftlich niedergelegten Reiseerinnerungen des Apostels Paulus, im wesentlichen auf mündliche Überlieferungen zurück. Als Verfasser gilt Lukas, dem auch das dritte
der vier Evangelien zugeschrieben wird. Die Apostelgeschichte selbst versteht sich als direkte Fortsetzung der
Evangelienberichte insofern, als sie darlegen will, wie sich
die Verheißungen des Auferstandenen erfüllen. Sie ist weniger eine Geschichte der Urkirche als vielmehr das Bemühen, die Geschichte der Mission, ausgehend von den Juden
und Samaritern bis hin zu den Heiden, nachzuzeichnen. Es
soll gezeigt werden, daß das Christentum allen Widernis-

sen zum Trotz den Sieg davonträgt und das Evangelium gemäß dem »Missionsbefehl« weltweit verkündigt wird.

Berichtet werden in einem ersten Teil (Apostelgeschichte 1,4–8,3) die Anfänge der christlichen Kirche in Jerusalem und in einem zweiten Teil (Apostelgeschichte 8,4–12,25) der Beginn der Mission unter den Nichtjuden, den »Heiden«, fortgesetzt und ausgeweitet, wie im dritten Teil (13,1–28,31) dargelegt, insbesondere mit den drei Missionsreisen des Paulus. In den biblischen Texten wird unterschieden zwischen »Judenchristen« – das sind zum christlichen Glauben konvertierte Juden (Beschnittene) – und »Heidenchristen« – das sind zum christlichen Glauben konvertierte Nichtjuden (Unbeschnittene). Erzählt wird hauptsächlich von den Taten der Apostel Petrus und Johannes und insbesondere sehr ausführlich von der missionarischen Wirksamkeit des Apostels Paulus, dem etwa die Hälfte des gesamten Buches gewidmet ist. Darüber hinaus wird vor allem von Stephanus, Philippus, Barnabas und Jakobus berichtet. Wichtige Ereignisse sind die Ausgießung des heiligen Geistes zu Pfingsten, die Bekehrungsgeschichte des Paulus und das »Apostelkonzil«.

Als Geburt der christlichen Kirche gilt die Schilderung von der »Ausgießung des heiligen Geistes« über die zwölf Apostel am ersten Pfingstfest nach der Auferstehung Jesu Christi. Damit erhielten die Apostel die Vollmacht, wie einst Jesus mit dem heiligen Geist zu taufen (Geisttaufe). »*Und als der Tag des Pfingstfestes endlich da war, waren sie alle an einem Ort beisammen. Und plötzlich entstand vom Himmel her ein Brausen, wie wenn ein gewaltiger Wind daherfährt, und erfüllte das ganze Haus, worin sie saßen. Und es erschienen ihnen Zungen, die sich zerteilten, wie von Feuer, und es setzte sich auf jeden unter ihnen. Und sie wurden alle mit dem heiligen Geist erfüllt und fingen an, in andern Zungen zu reden, wie der Geist ihnen auszusprechen gab.*« (Apostelgeschichte 2,1–4) In Erinnerung an dieses Geschehen feiert die Christenheit seither das seinem Ursprung nach jüdische Pfingstfest – bei dem nach jüdischer

Tradition des göttlichen Bundesschlusses am Sinai (Alter Bund) gedacht wird – am 50. Tag nach Ostern.

Vom Auferstandenen zuvor beauftragt, haben die Apostel, nun im Besitz der göttlichen Kraft des heiligen Geistes seit diesem Pfingstereignis, auch die Vollmacht und die Befähigung, die Botschaft in die ganze (damals bekannte) Welt zu tragen. Es gilt als sicher, daß der Apostel Petrus in der ersten Phase der Mission die treibende Kraft war. Unter seiner Ägide wurde die erste christliche Gemeinde gegründet. Die weiteren Schilderungen geben Einblicke in das Gemeindeleben, die Auseinandersetzungen mit der jüdischen Obrigkeit, die Steinigung des Apostels Stephanus und die Verfolgung der Christengemeinde durch die Römer.

Besonders der Römer Saulus tat sich den Berichten zufolge durch seine gnadenlose Härte bei der Bekämpfung der Christen hervor. Seine Bekehrung zum christlichen Glauben, äußerlich faßbar in seiner Umbenennung in Paulus (Apostelgeschichte 9), sollte sich als ein Schlüsselereignis für die weitere Ausbreitung des Christentums erweisen. Es bedeutet nicht nur eine Wende in der Biographie eines einzelnen Menschen, sondern darüber hinaus eine entscheidende Wende für die weitere Mission, die fortan mit seinem Namen untrennbar verbunden ist.

Ein möglicherweise in den Jahren um 50 n.C. in Jerusalem einberufenes »Apostelkonzil« – im Text angesiedelt zwischen der ersten und zweiten Missionsreise des Paulus – macht erste Meinungsverschiedenheiten deutlich in der Frage, ob Heidenchristen sich nicht erst beschneiden lassen müßten als Voraussetzung, um Erlösung erlangen zu können. Ein klärendes Sendschreiben an die Christen in Antiochia und Syrien, sozusagen als Beschluß des Konzils verfaßt von den Aposteln, den Ältesten und der gesamten Jerusalemer Gemeinde, soll die dort entstandenen Verunsicherungen ausräumen. »*Die Apostel und die Ältesten, (eure) Brüder, wünschen den Brüdern in Antiochia und Syrien und Cilicien, die aus den Heiden stammen, Heil. Da wir*

*gehört haben, daß einige von uns, denen wir keinen Auftrag
gegeben hatten, durch Reden euch erregt und eure Seelen verwirrt haben, fanden wir mit Einmut für gut, Männer zu er-
wählen und zu euch zu senden mit unsren geliebten Barnabas
und Paulus, Männern, die ihr Leben für den Namen unsres
Herrn Jesus Christus eingesetzt haben. Wir senden nun Judas
und Silas ab, die mündlich auch ihrerseits dasselbe berichten
werden. Es schien nämlich dem heiligen Geist und uns gut,
euch keine weitere Last aufzulegen außer diesen notwendigen Stücken, daß ihr euch von Götzenopferfleisch und Blut
und erstickten (Tieren) und Unzucht enthaltet; wenn ihr
euch hievor in acht nehmt, wird es euch gut gehen. Lebet
wohl!«* (Apostelgeschichte 15,23–29)

Nach seiner dritten Missionsreise, so heißt es, wird
Paulus, nachdem ihm von jüdischer Seite insbesondere
Unruhestiftung und Tempelentweihung vorgeworfen worden war, in Jerusalem in römische Schutzhaft genommen.
Sein Auftreten vor dem Hohen Rat, der höchsten jüdischen
Autorität, endet erneut in Tumulten. Paulus wird abermals
verhaftet. In Cäsarea vor Gericht gestellt, wiederholen die
Ankläger ihre Vorwürfe. Felix schiebt die Entscheidung
hinaus. In der Folge landet Paulus für zwei Jahre im Ge-
fängnis. Schließlich wird der Apostel mit weiteren Gefan-
genen nach Rom verschifft. Unterwegs verursacht ein See-
sturm einen Schiffbruch. Paulus und die anderen werden
nahe Malta gerettet. Sie können erst nach dreimonatigem
Aufenthalt auf der Insel die Fahrt fortsetzen. In Rom ange-
kommen, wird ihm, weil dort nichts gegen ihn vorliegt,
freies Wohnen gewährt. Zwei Jahre, so der Text, verbrachte
er in der römischen Metropole, nahm alle auf, die bei ihm
eintraten, »*und predige (dabei) das Reich Gottes und lehrte
von dem Herrn Jesus Christus mit aller Freimütigkeit unge-
hindert*« (Apostelgeschichte 28,31).

Die Briefe

Während das Alte Testament keine selbständige Schrift in Briefform enthält, werden im neutestamentlichen Kanon insgesamt 21 Briefe überliefert. Sie dürften zwischen 50 und 100 n.C. entstanden sein. Es ist hier die am häufigsten vertretene literarische Gattung. Dabei fällt auf, daß es keine Antwortbriefe gibt, und daß es, anders als sonst in der hellenistischen Welt, keine im engeren Sinne privaten Briefe gibt. Das gilt etwa auch für den zweiten und dritten Brief des Johannes und auch für den Brief an Philemon, der sich letztlich an eine Hausgemeinde richtet. Offensichtlich diente auch die neutestamentliche Briefliteratur im wesentlichen der Vermittlung des Evangeliums – nur eben in anderer Form. Beispielsweise hat der Paulus zugeschriebene Epheserbrief mehr den Charakter einer Predigt. Das Zeugnis von Jesus Christus steht in diesen Schriften im Mittelpunkt. Dabei konzentrieren sich die Briefe – und darin unterscheiden sie sich inhaltlich von den Evangelien – auf das Wirken des Auferstandenen und erhöhten Christus, wie es in den Gemeinden erfahren wird.

Zwar tritt in den einzelnen Schreiben die Person des Autors stärker hervor als etwa in den Evangelien, aber ebenso wie da sind auch hier viele Textbausteine, die ihren Ursprung in einer mündlichen Überlieferung haben, enthalten, die entweder wie Versatzstücke (etwa Kapitel 11 des Briefes an die Hebräer) eingearbeitet oder in Briefform eingekleidet sind. Auch in die wenigen »echten Briefe«, die so genannt werden, weil sie vergleichsweise viele, auf die Situation des jeweiligen Adressaten abgestimmte, originale Gedanken des Verfassers enthalten, sind vorgeformte Stoffe eingeflochten. Das sind im einzelnen theologische, lehrhafte, hymnische und liturgische Passagen. Zu diesen Briefen im eigentlichen Sinne zählen die neun Paulus-Briefe, bei denen seine Verfasserschaft gesichert bzw. in zwei Fällen sehr wahrscheinlich ist – also der Brief an die Römer, der erste und zweite Brief an die Korinther, der

Brief an die Galater, an die Philipper, (möglicherweise) der
Brief an die Kolosser, der erste und (möglicherweise auch)
der zweite Brief an die Thessalonicher und der Brief an
Philemon – und der zweite und dritte Brief des Johannes.

Die Paulusbriefe enthalten das Grundmuster der
Briefliteratur des Neuen Testaments. Der formale Aufbau
ist in etwa folgender: Zuerst werden einleitend in einem
Grußwort an die Gemeinde Absender und Empfänger des
Briefes genannt. Es folgt eine Danksagung. Der Haupttext
nimmt Bezug auf die jeweilige Situation. Eine Grußliste
und ein kurzer Wunsch für das Wohlergehen bildet für
gewöhnlich den Schluß. Am Beispiel des 16 Kapitel umfassenden Römerbriefes, der zu den bedeutungsvollsten biblischen Schriften und zu den gewichtigsten der paulini-
schen Briefe zählt, kann der Aufbau in groben Zügen exemplarisch verdeutlicht werden.

Grußwort an die Gemeinde in Rom: »*Paulus, Knecht
Jesu Christi, berufen zum Apostel, ausgesondert zur Verkündigung des Evangeliums Gottes, das er vorher verheißen hat
durch seine Propheten in den heiligen Schriften, (nämlich
das Evangelium) über seinen Sohn, der aus der Nachkom-
menschaft Davids hervorgegangen ist nach dem Fleische, der
eingesetzt ist zum Sohne Gottes voll Macht nach dem Geiste
der Heiligkeit kraft der Auferstehung von den Toten: Jesus
Christus, unser Herr, durch den wir Gnade und Apostelamt
empfangen haben, um für seinen Namen Gehorsam des
Glaubens zu bewirken unter allen Heiden, unter denen auch
ihr seid als solche, die von Jesus berufen sind: an alle Geliebten Gottes und berufenen Heiligen, die in Rom sind. Gnade
sei (mit) euch und Friede von Gott, unsrem Vater, und dem
Herrn Jesus Christus!*« (Römerbrief 1,1–7)

Danksagung, hier verbunden mit dem Wunsch, einmal die Gemeinde zu besuchen: »*Zuvörderst danke ich meinem Gott durch Jesus Christus euer aller halben dafür, daß
von eurem Glauben in der ganzen Welt die Rede ist. Denn
Gott, dem ich in meinem Geiste am Evangelium seines Sohnes diene, ist mein Zeuge, wie ich unablässig euer gedenke,*

allezeit mit der Bitte in meinen Gebeten, ob es mir vielleicht endlich einmal nach Gottes Willen gelingen möchte, zu euch zu kommen. (...)« (Römerbrief 1,8–10)

Zu Beginn des Hauptteils nennt Paulus das Thema seines Briefes: *»Denn ich schäme mich des Evangeliums nicht; denn es ist eine Kraft Gottes zum Heil einem jeden, der (daran) glaubt, dem Juden zuerst und auch dem Griechen. Denn die Gerechtigkeit Gottes wird darin geoffenbart aus Glauben zu Glauben, wie geschrieben steht: ›Der aus Glauben Gerechte wird leben.‹« (Römerbrief 1,16–17)*

Dieses Thema, daß man Gottes Gerechtigkeit allein aus Glauben empfängt, wird bis Ende des achten Kapitels weiter entfaltet. Der zentrale Text des Römerbriefes steht im dritten Kapitel: *»Jetzt aber ist ohne Zutun des Gesetzes die Gerechtigkeit Gottes geoffenbart, die von dem Gesetz und den Propheten bezeugt wird, nämlich die Gerechtigkeit Gottes, die durch den Glauben an Jesus Christus kommt für alle, die glauben. Denn es ist kein Unterschied; alle haben ja gesündigt und ermangeln der Ehre vor Gott und werden gerechtgesprochen ohne Verdienst durch seine Gnade mittelst der Erlösung, die in Christus Jesus ist. Ihn hat Gott hingestellt als ein Sühnopfer durch den Glauben in seinem Blut zur Erweisung seiner Gerechtigkeit, weil die vorhergeschehenen Sünden unter der Langmut Gottes ungestraft geblieben waren, zur Erweisung seiner Gerechtigkeit in der jetzigen Zeit, damit er selbst gerecht sei und den gerechtspreche, der aus dem Glauben an Jesus ist. Wo bleibt nun der Ruhm? Er ist ausgeschlossen. Durch was für ein Gesetz? Durch das der Werke? Nein! Sondern durch das Gesetz des Glaubens. So halten wir nun dafür, daß der Mensch durch den Glauben gerechtgesprochen werde ohne Werke des Gesetzes. Oder ist Gott nur der Juden Gott? Nicht auch der Heiden? Ja, auch der Heiden, weil ja Gott (nur) einer ist, der die Beschnittenen aus Glauben und die Unbeschnittenen durch den Glauben gerechtsprechen wird. Heben wir also das Gesetz auf durch den Glauben? Das sei ferne! Vielmehr halten wir das Gesetz aufrecht.« (Römerbrief 3,21–31)*

Und später an anderer Stelle im siebten Kapitel sagt
Paulus: »(...) *Somit seid auch ihr, meine Brüder, durch den
Leib Christi dem Gesetz getötet worden, damit ihr einem andern angehört, nämlich dem, der von den Toten auferweckt
worden ist, auf daß wir Gott Frucht bringen. Denn als wir im
Fleische waren, da waren die den Sünden eignen Leiden-
schaften, die durch das Gesetz erregt wurden, wirksam in unsern Gliedern, um dem Tode Frucht zu bringen. Jetzt aber
sind wir von dem Gesetz frei geworden, da wir dem, worin
wir festgehalten wurden, abgestorben sind, so daß wir (nun)
dienen im neuen Wesen des Geistes und nicht im alten des
Buchstabens. (...)«* (Römerbrief 7,4–6)

In den Kapiteln neun bis elf geht Paulus insbesondere
auf die Frage nach der Rettung Israels ein, was dafür
spricht, daß der Gemeinde in Rom viele Judenchristen angehört haben. Der Hauptteil endet mit einer Ermahnung
(Kapitel 12,1–15,13), in deren Verlauf er eine aktuelle
Streitfrage in der römischen Gemeinde behandelt.

Es folgt ein Nachtrag, in dem Paulus seinen Brief
rechtfertigt, seine weiteren Reisepläne nennt und darum
bittet, für ihn zu beten. Der Brief endet mit Grüßen und Er-
mahnungen und einem abschließenden Lobpreis Gottes:
»*Dem aber, der euch stärken kann nach meinem Evangelium
und der Predigt von Jesus Christus gemäß der Offenbarung
des Geheimnisses, das ewige Zeiten hindurch verschwiegen
war, jetzt aber geoffenbart und durch prophetische Schriften
nach dem Auftrag des ewigen Gottes an alle Heiden kundge-
macht worden ist, um Gehorsam des Glaubens zu bewirken –
dem allein weisen Gott durch Jesus Christus, ihm sei die Ehre
in alle Ewigkeit! Amen.*« (Römerbrief 16,25–27)

Unter den insgesamt 13 Briefen, die Paulus als Verfasser zugeschrieben werden und nach ihrem jeweiligen
Adressaten benannt sind, gibt es die drei in der ersten
Hälfte des 2. Jhdts. n.C. entstandenen »Pastoralbriefe«:
Erster und zweiter Brief an Timotheus und der Brief an Titus. Sie werden so genannt, weil sie sich nicht an eine bestimmte Gemeinde, sondern an einen Mitarbeiter des

Apostels, wenden und neben persönlichen Nachrichten allgemeine Vorschriften für »Gemeindehirten«, eine Art einfache Kirchenordnung also, enthalten.

Der neutestamentliche Kanon führt weitere acht nichtpaulinische Briefe auf – den Brief an die Hebräer und sieben »katholische« (allgemeine) Briefe –, die nach ihrem Verfasser benannt sind und sich an eine größere Öffentlichkeit richten. Sie zielen inhaltlich ab auf die Festigung der Gemeindetradition und die Abwehr von Irrlehrern. Der nach seinen Empfängern benannte und in früheren Zeiten auch Paulus zugeschriebene Hebräerbrief – der seltsamerweise keinen Briefeingang, wohl aber einen entsprechenden Schluß hat – wie auch der Brief des Jakobus beispielsweise sind Mahnreden. Der Brief des Judas setzt die auch sonst in der neutestamentlichen Briefliteratur zu findene Ketzerbekämpfung fort.

Die Offenbarung des Johannes

An einen Brief erinnert auch die Johannes-Offenbarung, die man darum ebenfalls mit einigem Recht zu dieser Literaturgattung zählen kann. Sie ist das letzte Buch des Neuen Testaments und damit der christlichen Bibel und wurde Ende des 1. Jhdts. n.C. im kleinasiatischen Raum verfaßt. Es war die Zeit, als sich der römische Kaiser Domitian (81–96 n.C.) in seinem Reich, zu dem auch Kleinasien gehört, als Herr und Gott verehren ließ. Ein unausweichlicher Konflikt für die Christen, die ausschließlich Jesus Christus als ihren Herrn und Gott anerkennen. Abgesehen von dieser historischen Einbettung, die manches durch seine ausladende Symbolik und Bildsprache schwer Verständliche im Text zu erhellen vermag, ist dieser Offenbarung immer ein gewisser übergeschichtlicher und über die Gegenwart hinausweisender Zug eigen. So hat es nicht an entsprechenden Versuchen gefehlt, unter Rückgriff auf jeweils aktuelle Fakten und durch die Deutung aktueller Geschehnisse, aus ihr die Zukunft der Welt und den Fortgang der Geschichte herauslesen und voraussagen zu wollen.

In dieser Offenbarung, der einzigen prophetischen Schrift im Neuen Testament, konzentriert sich alles auf die Person des auferstandenen und erhöhten Jesus Christus. Daß die angekündigte Endkatastrophe nur die Christen überleben werden, die anschließend unter seiner Herrschaft für 1000 Jahre die Welt regieren, macht der Text deutlich. Auf den danach einsetzenden letzten Ansturm des Bösen folgt das Endgericht Gottes. Die Gläubigen werden an der zweiten Auferstehung und am »neuen Jerusalem«, wie in der Offenbarung die neue Welt Gottes heißt, teilhaben, während die anderen auf ewig verdammt werden.

Nach einer brieflichen Einleitung, in der der »Knecht Johannes« (Offenbarung 1,1) Sendschreiben an sieben Gemeinden in der römischen Provinz Asien ankündigt, schildert dieser Johannes, seine Beauftragung an die Gemeinden in Ephesus, Smyrna, Pergamon, Thyatira, Sardes, Philadelphia und Laodizea zu schreiben und ihnen seine Vision zu schildern. Die Kapitel 2 und 3 enthalten die sieben Sendschreiben, in denen sich der himmlische Christus mal anerkennend, mal mahnend oder tadelnd an die Angesprochenen wendet. Der Hauptteil beginnt in Kapitel 4,1 und endet mit Kapitel 22,5.

Die Offenbarung des Johannes ist im wesentlichen ein einziges großes Trost- und Mahnbuch. Es will in Zeiten der Bedrängnis die Christenheit zum Durchhalten ermuntern und die Bereitschaft stärken, angesichts des Sieges, den Christus nach Überzeugung des Schreibers am Ende doch davontragen wird, gegebenenfalls auch Leiden auf sich zu nehmen. In der das baldige Kommen Jesu ankündigenden Schlußermahnung des Sehers heißt es: »*Siehe, ich komme bald, und mit mir bringe ich den Lohn, und ich werde jedem geben, was seinem Werk entspricht. Ich bin das Alpha und das Omega, der Erste und der Letzte, der Anfang und das Ende.*« (*Offenbarung 22,12+13*)

Ursprung und Bedeutung des Koran

Aufbau und Inhalt des Koran

Die heiligen Schriften des Islam

Koran-Aussagen zu einzelnen Sachverhalten

Die Suma – Die verbindliche Tradition

Vorbemerkung

Ein streng gläubiger Muslim (arabisch) oder Moslem
(türkisch/persisch) – so heißen die Anhänger der Religion des Islam – würde es ablehnen, den Koran in einer
anderen als der arabischen Sprache als verbindliche Autorität zu akzeptieren. Ist er doch nach islamischer Auffassung ihrem Propheten Muhammad in dieser Sprache von
Gott (arabisch: Allah) geoffenbart worden. Und nur in
dieser Sprache enthält der Koran demnach unmittelbar
Gottes Wort, das als solches unveränderlich und vorbe-
haltlos überall und für alle Zeiten gilt. Darum darf er für
den kultischen Gebrauch auch nicht übersetzt werden.
Das ist der tiefere Grund dafür, daß in den »Koranschu-
len« auch im außerarabischen Raum der Koran in seiner
ursprünglichen Sprache auswendig gelernt wird. Dem
Arabischen wird damit, wenn man so will, ein gewisser
Heiligkeitsstatus vor allen anderen Sprachen zuerkannt.
Ein Umstand, der die Verbreitung der arabischen Sprache
sehr befördert hat.

Wenn die religiösen Schriften in diesem Kapitel in
Übersetzung zitiert werden – alle Koranzitate in diesem
Kapitel basieren auf der deutschen Übersetzung von Adel
Theodor Khoury –, ist in dieser Sichtweise der Koran in
dem Moment im Grunde nicht mehr ein heiliges Buch. Er
verliert damit seinen autoritativen Charakter. Nicht daß
durch die Verwendung einer Übersetzung eine inhaltliche
Erörterung des Vorgefundenen und eine kritische Auseinandersetzung mit dem im Koran Niedergeschriebenen von
vornherein ohne Wert wäre. Aber doch so, daß die dabei
zutage geförderten Erkenntnisse, Einschätzungen und
Schlußfolgerungen aus islamischer Perspektive, das heißt
aus der Perspektive des Gläubigen, in ihrem Geltungsan-
spruch eingeschränkt sind.

Der Koran (arabisch: qur'an), das heißt soviel wie »das zu Lesende«, »Lesung«, auch »Vortrag« oder »Rezitation«, ist das heilige Buch des Islam und ist als solches Maßstab und Richtschnur für Glauben und Leben der Gläubigen. Er gilt als authentisches Wort Gottes, das dem Propheten Muhammad, dem Begründer des Islam, durch Vermittlung des Erzengels Gabriel von Gott selbst geoffenbart worden ist. Der Koran wird dabei als originäre Abschrift eines schon vor aller Zeit existierenden himmlischen Urbuches angesehen. Die 85. Sure spricht in den Versen 21 und 22 von einem »glorreichen Koran auf einer wohlverwahrten Tafel«. Die Sunniten, neben den Schiiten die größte der beiden Hauptrichtungen im Islam – etwa 90% der Muslime sind Sunniten –, halten das koranische Gotteswort für unerschaffen, also im Grunde gleich ewig wie Gott selbst. Die Schiiten sind gegenteiliger Auffassung.

Wie es heißt, sind die im Koran versammelten Offenbarungen Muhammad (570–632 n.C.) ab dem Jahr 610 n.C. über einen Zeitraum von rund zwei Jahrzehnten zunächst in seinem Geburtsort Mekka in Arabien – als besondere Offenbarungsstätte wird hier der nördlich davon gelegene Berg Hira genannt –, dann in Medina zuteil geworden. Die zunächst mündlich tradierten Inhalte wurden, da Muhammad selbst des Lesens und Schreibens unkundig war, auf seine Anregung hin von geschulten Schreibern, vornehmlich von seinem Adoptivsohn und Sekretär Zaid ibn Thabit, aufgeschrieben und gesammelt. Der dritte Kalif Uthman (Regierungszeit: 644–656 n.C.), ein Schwiegersohn Muhammads war es schließlich, der in Fortsetzung der von seinem Amtsvorgänger Uma veranlaßten Sammlung eine einheitliche redaktionell bearbeitete Buchausgabe aller schriftlich erhaltenen Einzeloffenbarungen unter Beseitigung sämtlicher bis dahin aufgekommener Differenzen anfertigen ließ. Sie setzte sich in der Folgezeit als allein gültige und verbindliche Textsammlung, eben als der »Koran«, wie er seitdem bis heute bekannt und gebräuchlich ist, durch.

»Kalif«, das heißt soviel wie »Nachfolger« oder »Stellvertreter« (Muhammads, des Gesandten Gottes, auf Erden), war nach dem Tod Muhammads der offizielle Titel der von einem Beratungsrat gewählten politisch-religiösen Vorsteher der gesamten islamischen Gemeinde. Ein Kalif als zugleich Oberhaupt des gesamten islamischen Reiches vereinigte in dieser Vorstellung also weltliche und geistliche Macht auf sich. Die islamische Tradition kennt in dieser Frühzeit des Islam (bis etwa 8. Jahrhundert n.C.) in diesem Sinne insgesamt vier »Rechtgeleitete Kalifen«: Abu Bakr (1. Kalif von 632–634 n.C.), ein Kaufmann und Freund Muhammads, Umar (2. Kalif von 634–644 n.C.), Uthman (577–656 n.C.; 3. Kalif von 644–656 n.C.) und Ali ibn Ali Talib (600–661 n.C.; 4. Kalif von 656–660 n.C.), ein Vetter und weiterer Schwiegersohn Muhammads. Diese mit dem Amt zu jener Zeit verbundene besondere Vorrangstellung mag erklären, daß ein Kanonisierungsprozeß, wie er etwa aus der Frühzeit des Christentums bekannt ist, in der Geschichte des Islam unbekannt ist.

Aufbau und Inhalt des Koran

Der Koran besteht aus insgesamt 114 Suren (Kapitel oder Abschnitte), unterschieden nach Anfangs- oder inhaltlichen Stichworten. Jede Sure ist ihrerseits wiederum in mehrere Verse (arabisch: ayat; wörtlich »Zeichen«) unterteilt. Insgesamt sind es nach offiziell anerkannter Zählung 6348 Verse. Zum Zweck der Rezitation ist der Koran, losgelöst von der Sureneinteilung, in 30 etwa gleichgroße Teile mit jeweils zwei Unterabschnitten eingeteilt.

Das Kriterium für die Reihenfolge der einzelnen Suren ist weder ein systematisches (dann müßten die Texte inhaltlich geordnet sein) noch ein chronologisches (dann müßte die Anordnung der Texte sich an einem historisch oder heilsgeschichtlich nachvollziehbaren Ablauf orientieren). Vielmehr sind im Koran diese Suren rein formal im

wesentlichen nach dem Prinzip der fallenden Länge geordnet, ohne daß dafür ein besonderer Grund angegeben
würde. So steht, mit Ausnahme der ersten Sure, die längste,
die 286 Verse zählende, zweite Sure, ganz vorne, und die
mit gerade mal drei Versen kürzeste Sure 108, fast am Ende
im Koran.

Für das Verständnis der Offenbarungstexte von eini-
ger Bedeutung ist aber das Jahr 622 n.C., das einen Wende-
punkt im Leben Muhammads markiert, und mit dem
darum auch die islamische Zeitrechnung beginnt. Es ist
das Jahr der »Hidjra«, der »Auswanderung« – nicht der
Flucht, wie oft zu lesen ist – Muhammads nach Medina,
nachdem die Bevölkerung Mekkas die neue Offenbarung
nicht annehmen wollte. Diese Erfahrungen haben sich inhaltlich niedergeschlagen in den Suren aus späterer Zeit.
Die Juden mit ihrer Tora und mehr noch die Christen mit
ihrem Glauben an Jesus Christus geraten dabei als Verfäl-
scher der ursprünglichen Offenbarung, wie sie im Koran
jetzt wiederhergestellt ist, ins Visier.

Rein formal werden die kürzeren Suren hinsichtlich
ihrer Entstehung zum überwiegenden Teil dem ersten Lebensabschnitt Muhammads vor der Hidjra zugerechnet,
also dem Zeitraum von 610–622 n.C. Das ist die »mekkani-
sche Periode«. Demzufolge werden diejenigen Suren, die
Offenbarungen aus dieser Zeit enthalten, als »mekkani-
sche Suren« bezeichnet. Dagegen sind die längeren Koran-
abschnitte hinsichtlich ihres Entstehungszeitpunkts
mehrheitlich in die »medinische Periode« zu datieren, also
die Zeitspanne von 622–632 n.C. Entsprechend werden die
Texte mit den Offenbarungen, die ihren Ursprung nach der
Hidjra in Medina haben, »medinische Suren« genannt. Sie
finden sich meist in der ersten Koranhälfte.

Den Abschluß des Korantextes bildet mit den Suren
113 und 114 – »Das Frühlicht« (al-Falaq) und »Die Menschen« (al-Nas) – eine als zweifache »Zufluchtnahme« zu
Gott formulierte Abwehrformel. Es wird Schutz gesucht
vor drohendem Unheil und negativen Einflüssen oder bö-

sen Mächten. Beide Suren werden darum zusammenfassend auch »die beiden (gegen Unheil) feienden (Suren)« genannt.

Mekkanische und medinische Suren

Die mekkanischen Suren behandeln vorwiegend religiöse und theologische Fragen, insbesondere hinsichtlich der Beziehungen zwischen Mensch und Gott. Ein inhaltlicher Schwerpunkt ist etwa die Verkündigung des »Jüngsten Gerichts« durch Muhammad, der in diesen Offenbarungen besonders als Mahner und Warner vor dem, was die Ungläubigen am Ende der Zeiten erwartet, vorkommt. 90 Suren gehören nach überwiegender Meinung dazu. Es sind die Suren: 1, 6, 7, 10–21, 23, 25–32, 34–46, 50–56, 67–97, 99–109, 111–114. Nicht ganz sicher ist die Zuordnung bei den Suren 76 und 99.

Die medinischen Suren behandeln in erster Linie soziale und vor allem militärische und politische Themen. Sie befassen sich mit Fragen des praktischen Lebens und der Gemeinschaftsordnung, mit Rechtsfragen und allgemeinen Lehren und Geboten und insbesondere mit der neuen Rolle des Propheten als religiös-politische Führergestalt. Diese Texte bilden mit ihren zivil- und strafrechtlichen Regelungen die Plattform für das islamische Recht und für jede islamische Gesellschaft. 24 Suren werden der medinischen Periode zugeordnet. Es sind die Suren: 2–5, 8, 9, 22, 24, 33, 47–49, 57–66, 98, 110. Nicht ganz klar ist die Zuordnung der Sure 98.

Kein Gott außer Allah

»*Im Namen Gottes, des Erbarmers, des Barmherzigen. Lob sei Gott, dem Herrn der Welten (oder: der Weltenbewohner), dem Erbarmer, dem Barmherzigen, der Verfügungsgewalt besitzt über den Tag des Gerichtes! Dir dienen wir, und Dich bitten wir um Hilfe. Führe uns den geraden Weg, den Weg derer, die Du begnadet hast, die nicht dem Zorn verfallen sind und nicht irregehen.*« (Sure 1)

Diese Sure eingangs des Koran, die darum »Die Eröffnung« (al-Fatiha) genannt wird, ist wesentlicher Teil des rituellen islamischen Pflichtgebets (arabisch: Salat). Sie hat im Islam denselben Rang wie im Christentum das »Vaterunser« (Matthäus-Evangelium 6,9–13; Parallelstelle: Lukas-Evangelium 11,2–4). Dieses Gebet wird täglich 20 mal gesprochen. Es ist Ausdruck des »Sich-Lassens«, des »Sich-Ergebens« – das bedeutet »Islam« wörtlich. Gemeint ist damit die vorbehaltlose »Unterwerfung« unter den Willen des einzigen und alleinigen Gottes, im Arabischen »Allah« genannt. Der Glaube an einen unvergleichlichen, zwar über der Welt stehenden, diese aber gleichwohl allseits beherrschenden, allmächtigen persönlichen Gott steht im Zentrum des Islam, ist seine religiöse Mitte. Dies drückt auch die jede Sure – mit Ausnahme der neunten – einleitende Formel »*Im Namen Gottes, des Erbarmers, des Barmherzigen.*« aus.

»*Sprich: Er ist Gott, ein Einziger, Gott, der Undurchdringliche (oder: der Souveräne, der in den Anliegen angegangen wird). Er hat nicht gezeugt, und Er ist nicht gezeugt worden, und niemand ist Ihm ebenbürtig.*« (Sure 112) In dieser gerade mal vier Verse umfassenden Sure »Der aufrichtige Glaube« (al-Ikhlas) wird die strenge monotheistische Grundauffassung auf den Punkt gebracht. Nicht zuletzt darum gehört sie zu den wohl bekanntesten. Klare

Konturen gewinnt das islamische Gottesverständnis insbesondere in der bewußten Abgrenzung vom christlichen,
das in Jesus Christus Gottes Sohn, ja Gott selbst, erkennt,
und im Wirken des heiligen Geistes als Kraft Gottes seine
Allgegenwart spürbar und erfahrbar macht. Gegen diese
Dreiheit von Gott Vater, Sohn und heiliger Geist – in der
Kirchen- und Theologiegeschichte des Christentums als
Lehre von der Trinität (Dreieinigkeit oder Dreifaltigkeit)
bekannt, vom Islam als Vielgötterei (Polytheismus) verurteilt – wendet sich der Koran ausdrücklich. Wer den Herrn
anbetet, soll ihm niemanden »*beigesellen*«, heißt es im 110.
Vers der 18. Sure »Die Höhle« (al-Kahf). Eine Interpreta-
tion, die unter anderem in der Sure »Die Frauen« (al-Nisa')
einen deutlichen Ausdruck findet: »*O ihr Leute des Buches,
übertreibt nicht in eurer Religion und sagt über Gott nur die
Wahrheit. Christus Jesus, der Sohn Marias, ist doch nur der
Gesandte Gottes und sein Wort, das Er zu Maria hinüber-
brachte, und ein Geist von Ihm. So glaubt an Gott und seine
Gesandten. Und sagt nicht: Drei (d. h. drei Götter). Hört auf,
das ist besser für euch. Gott ist doch ein einziger Gott. Preis sei
Ihm, und erhaben ist Er darüber, daß er ein Kind habe. (...)*«
(Sure 4,171)

Gottes Erhabenheit als einer, der über allem thront,
drückt insbesondere die darum auch als »Thronvers« bezeichnete Passage in der »Die Kuh« (al-Baqara) über-
schriebenen Sure aus: »*Gott, es gibt keinen Gott außer Ihm,
dem Lebendigen, dem Beständigen. Nicht überkommt Ihn
Schlummer und nicht Schlaf. Ihm gehört, was in den Himmeln und was auf der Erde ist. Wer ist es, der bei Ihm Für-
sprache einlegen kann, es sei denn mit seiner Erlaubnis? Er
weiß, was vor ihnen und was hinter ihnen liegt, während sie
nichts von seinem Wissen erfassen, außer was Er will. Sein
Thron umfaßt die Himmel und die Erde, und es fällt Ihm
nicht schwer, sie zu bewahren. Er ist der Erhabene, der Maje-
stätische.*« (Sure 2,255)

Als Schöpfergott weist ihn insbesondere die Sure »Die
Bienen« (al-Nahl) aus, die inhaltlich manche Bezüge zum

ersten Schöpfungsbericht der jüdischen Tora erkennen läßt. *»Er hat die Himmel und die Erde in Wahrheit erschaffen. Erhaben ist Er über das, was sie (Ihm) beigesellen. Den Menschen hat Er aus einem Tropfen erschaffen. Und doch ist er gleich offenkundig streitsüchtig. Auch hat Er die Herdentiere erschaffen. (...) Und (erschaffen hat Er) die Pferde, die Maultiere und die Esel (...) Und Er erschafft, was ihr nicht wißt.«* (Sure 16,3–5+8)

Gott ist nach islamischer Auffassung aber auch der, der nach der vorausgesagten endzeitlichen Katastrophe allein über die Menschen, die dann alle auferstehen, zu Gericht sitzen und entscheiden wird, wer fortan die ewigen Wonnen des Paradieses genießen darf oder ewige Höllenqualen erleiden muß (siehe Sure 56 »Die eintreffen wird« [al-Waqʿia]). Wie letzteres zu verstehen ist, wird etwa in der Sure »Die Parteien« (al-Ahzab) drastisch vor Augen geführt: *»Gott hat die Ungläubigen verflucht, und Er hat für sie einen Feuerbrand bereitet; darin werden sie auf immer ewig weilen; und sie werden weder Freund noch Helfer finden. Am Tag, da ihre Gesichter im Feuer gewendet werden, sagen sie: ›O hätten wir doch Gott gehorcht und hätten wir doch dem Gesandten gehorcht!‹«* (Sure 33,64–66)

Muhammad – der Gesandte Gottes

Muhammad ist – im Unterschied zur Bedeutung Jesu im Christentum – nach seinem Selbstverständnis und auch in der religiösen Tradition des Islam kein Erlöser. Er ist der Gesandte Gottes (Suren 3,144; 4,59; 33,21; 48,29 etwa) und gilt im Islam als der letzte und damit entscheidende in einer langen Reihe von Propheten. Von ihm künden schon die Tora und das Evangelium, heißt es in Vers 157 der siebten Sure »Der Bergkamm« (al-Aʿraf). Als seine Vorläufer genannt werden traditionell: Adam, Noah, Abraham, Mose, David und Jesus (arabisch: Isa). Der siebte, Muhammad, hat die abschließende Offenbarung Gottes, den Ko-

ran, empfangen. Von ihm heißt es in Sure 33,40, er sei das
»Siegel der Propheten«. Über seine Berufung in der *»Nacht
der Bestimmung«,* an die bis auf den heutigen Tag stets in
der 27. Nacht des islamischen Fastenmonats Ramadan erinnert wird, berichtet die Sure »Der Embryo« (al-Alaq):
*»Lies im Namen deines Herrn, der erschaffen hat, den Men-
schen erschaffen hat aus einem Embryo. Lies. Dein Herr ist
der Edelmütigste, der durch das Schreibrohr gelehrt hat, den
Menschen gelehrt hat, was er nicht wußte.«* (Sure 96,1–5)

Der Aufforderung, die Botschaft öffentlich zu verkündigen, kam Muhammad nach. Insbesondere die mekkanischen Suren vermitteln einen Eindruck davon, wie groß die
Widerstände in seiner Heimat gegen seine Lehren gewesen
sein müssen. Das zeigt auch der in Form eines Dialoges an-
gelegte Auszug aus der Sure »Die Unterscheidungsnorm«
(al-Furqan): *»Und diejenigen, die ungläubig sind, sagen:
›Das ist ja nichts als Lüge, die er erdichtet hat und bei der andere Leute ihm geholfen haben.‹ Sie begehen da Ungerechtig-
keit und Falschaussage. Und sie sagen: ›Es sind die Fabeln der
Früheren, die er sich aufgeschrieben hat. Sie werden ihm
doch morgens und abends diktiert.‹ Sprich: Herabgesandt
hat ihn der, der weiß, was in den Himmeln und auf der Erde
geheim ist. Er ist voller Vergebung und barmherzig. Und sie
sagen: ›Was ist mit diesem Gesandten, daß er Speise ißt und
auf den Märkten umhergeht? Wäre doch zu ihm ein Engel
herabgesandt worden, daß er mit ihm ein Warner sei! Oder
wäre doch ihm ein Schatz überbracht worden, oder hätte er
doch einen Garten, von dem er essen könnte!‹ Und die, die
Unrecht tun, sagen: ›Ihr folgt doch nur einem Mann, der einem Zauber verfallen ist.‹ Schau, wie sie dir Gleichnisse an-
führen. Dabei sind sie abgeirrt und können keinen Weg mehr
finden.«* (Sure 25, 4–9)

Juden und Christen im Koran

Juden und Christen gelten im Islam als Schriftbesitzer. Im Koran werden sie als »*Leute des Buches*« (Sure 5,59 etwa) bezeichnet, weil sie ebenfalls je ein heiliges Buch – die Tora bzw. das Evangelium – als für ihren Glauben maßgeblich ihr eigen nennen. Über die Juden heißt es: »*Sie entstellen den Sinn der Worte. Und sie vergaßen ein Teil von dem, womit sie ermahnt worden waren.*« (Sure 5,13) Über die Christen urteilt der Koran: »*Sie vergaßen einen Teil von dem, womit sie ermahnt worden waren.*« (Sure 5,14) Beide, Juden und Christen, sind nach islamischer Auffassung ungehorsam gegen Gott geworden, müssen darum zur Umkehr gerufen werden.

Entscheidend für die Verhältnisbestimmung der Muslime zu Juden und Christen ist die in der Sure »Die Kuh« (al-Baqara) niedergeschriebene Offenbarung. Darin werden Abraham (arabisch: Ibrahim) und sein Sohn Ismael von Gott mit dem Bau der Ka'aba in Mekka als Kultmittelpunkt beauftragt. Deren Bedeutung als Glaubenszentrum ist damit dem jüdischen Tempel in Jerusalem vergleichbar. Als ihre Religion wird der Islam beschrieben: »*Und als Abraham dabei war, vom Haus die Fundamente hochzuziehen, (er) und Ismael. (Sie beteten:)* › *Unser Herr, nimm es von uns an. Du bist der, der alles hört und weiß. Unser Herr, mache uns beide Dir ergeben. Und zeige uns unsere Riten, und wende Dich uns gnädig zu. Du bist der, der sich gnädig zuwendet, der Barmherzige. Unser Herr, laß unter ihnen einen Gesandten aus ihrer Mitte erstehen, der ihnen Deine Zeichen verliest und sie das Buch und die Weisheit lehrt und sie läutert. Du bist der Mächtige, der Weise.*‹ *Und wer verschmäht die Glaubensrichtung Abrahams außer dem, der seine Seele geringschätzt. Wir haben ihn ja im Diesseits auserwählt. Und im Jenseits gehört er zu den Rechtschaffenen.*« *(Sure 2,127–130)* Noch deutlicher wird die besondere Bedeutung Abrahams für die Muslime in einem Vers der Sure »Die Sippe 'Imrans« (Al'Imran): »*Abraham war weder Jude noch Christ, sondern er war der*

Anhänger des reinen Glaubens, ein Gottergebener, und er gehörte nicht zu den Polytheisten.« (Sure 3,67)

Dem Korantext zufolge gilt Abraham als Stammvater des Islam und nicht des Judentums respektive des Christentums, denn mit dem hier erwähnten zukünftigen Gesandten ist niemand anderer als Muhammad gemeint. Er gilt im Koran auch als Erneuerer und Wiederhersteller der in dieser Interpretation von Juden und Christen entstellten ursprünglichen Religion, als welche sich der Islam selbst sieht. Das wird einige Verse weiter in derselben Sure deutlich. Dort heißt es: *»Und sie sagen: ›Werdet Juden oder Christen, so folgt ihr der Rechtleitung.‹ Sprich: Nein, (wir folgen) der Glaubensrichtung Abrahams, als Anhänger des reinen Glaubens; und er gehörte nicht zu den Polytheisten. Sprecht: Wir glauben an Gott und an das, was zu uns herabgesandt wurde, und an das, was herabgesandt wurde zu Abraham, Ismael, Isaak, Jakob und den Stämmen, und an das, was Mose und Jesus zugekommen ist, und an das, was den (anderen) Propheten von ihrem Herrn zugekommen ist.«* (Sure 2,135+136)

Verkürzt gesagt, wird hier die gesamt jüdische und christliche Tradition islamisch vereinnahmt. Auch in Jesus wird hier alles andere als der christliche Erlöser gesehen, sondern er gilt als ein Gesandter und Prophet unter vielen, dessen Wirken nur falsch interpretiert wurde. Als solcher wird Jesus gleichwohl im Koran hoch geschätzt, wie die Sure »Der Tisch« (al-Ma'ida) belegt: *»Wir haben die Tora hinabgesandt, in der Rechtleitung und Licht enthalten sind, damit die Propheten, die gottergeben waren, für die, die Juden sind, (danach) urteilen, und so auch die Rabbiner und Gelehrten, aufgrund dessen, was ihnen vom Buche Gottes anvertraut wurde und worüber sie Zeugen waren. (...) Und wir ließen nach ihnen Jesus, den Sohn Marias folgen, damit er bestätige, was von der Tora vor ihm vorhanden war. Und wir ließen ihm das Evangelium zukommen, das Rechtleitung und Licht enthält und das bestätigt, was von der Tora vor ihm vorhanden war, und als Rechtleitung und Ermahnung für die Gottesfürchtigen. Die Leute des Evangeliums sollen nach dem urteilen, was Gott darin herabgesandt hat. Und* *diejenigen, die nicht nach dem urteilen, was Gott herabgesandt hat, das sind die Frevler.*« (Sure 5,44+46+47)

Zwar wird Juden wie Christen als denjenigen, denen ebenfalls göttliche Offenbarungen zuteil wurde, eine je eigene religiöse Identität zuerkannt, aber Muhammad ist es, der als Überbringer der letzten und damit endgültigen Offenbarung im Islam höher angesehen wird.

Djihad – der Glaubenskrieg

»Djihad« – immer wieder unscharf übersetzt mit »heiliger Krieg« – heißt eigentlich »Anstrengung« oder »Einsatz«, und zwar für die Sache Gottes. In der mekkanischen Sure »Die Unterscheidungsnorm« (al-Furqan) heißt es in einem Vers als Mahnung an die Gläubigen: »*So gehorche nicht den Ungläubigen und setze dich damit gegen sie ein mit großem Einsatz.*« (Sure 25,52) Gemeint ist damit, daß die Muslime sich in ihrem Glauben trotz mancher Anfeindungen und der vielfach spürbaren Ablehnung in Mekka nicht beirren lassen, sondern unter Berufung auf den Koran für ihren Glauben, für ihre Überzeugungen, einstehen sollen.

Kämpferischer werden die Textaussagen erst in medinischer Zeit. Wenn von Kriegen und Kämpfen mit Nichtmuslimen im Koran die Rede ist bzw. gefordert wird, sich für solche Auseinandersetzungen zu wappnen, wird das in dem Zusammenhang im Koran selbst allerdings immer im Sinne eines notwendigen Übels entweder zur Verteidigung des Glaubens, zum Schutz der Glaubensgemeinschaft oder als Mittel der Vergeltung gerechtfertigt. Es wird nicht etwa als ein gottgewolltes und darum an sich schon taugliches Instrument, dem insofern gleichsam Heiligkeit zukommt, betrachtet. Geschweige denn, daß überhaupt ein wie auch immer motivierter Krieg aus Koran-Perspektive als »heilig« angesehen wird.

In der Sure »Der Tisch« (al-Ma'ida) steht: »*Die Vergeltung für die, die gegen Gott und seinen Gesandten Krieg füh-*

*ren und auf der Erde umherreisen, um Unheil zu stiften, soll
dies sein, daß sie getötet oder gekreuzigt werden, oder daß ihnen Hände und Füße wechselseitig abgehackt werden, oder
daß sie aus dem Land verbannt werden, Das ist für sie eine
Schande im Diesseits, und im Jenseits ist für sie eine gewaltige
Pein bestimmt, außer denen, die umkehren, bevor ihr euch
ihrer bemächtigt. Und wißt, daß Gott voller Vergebung und
barmherzig ist. O ihr, die ihr glaubt, fürchtet Gott und sucht
ein Mittel, zu Ihm zu gelangen, und setzt euch auf seinem
Weg ein, auf daß es euch wohl ergehe.« (Sure 5,33–35)*

Ein Waffengang im Sinne des »Djihad« ist, so verstanden, also ein Glaubenskrieg, ein Krieg, der in Ehrfurcht vor
Gott geführt werden soll. Die im Koran festgeschriebene
Verpflichtung der Gemeinschaft der Gläubigen zur Teil-
nahme daran dient bei näherer Betrachtung zwei Zielen:
Einerseits soll damit das Fortbestehen der Religion des Islam und der Glaubensgemeinschaft gesichert werden. Andererseits soll damit ein islamisches Herrschaftsgebiet, das
immer zugleich auch verstanden wird als Herrschaftsbe-
reich Gottes (Theokratie), verteidigt werden. Diese unlös-
liche Verquickung von Religion und Politik ist das wesentliche Charakteristikum des Islam.

Umma – die Glaubensgemeinschaft

Die Glaubensgemeinschaft der Muslime (arabisch: Umma),
wird in der Sure »Die Sippe 'Imrans« (al-'Imran) zur Einheit
ermahnt, und es wird an die einheitstiftende Kraft des Glaubens erinnert: »*O ihr, die ihr glaubt, fürchtet Gott, wie Er
richtig gefürchtet werden soll, und sterbt nicht anders denn als
Gottergebene. Und haltet allesamt am Seil Gottes fest und
spaltet euch nicht. Und gedenket der Gnade Gottes zu euch, als
ihr Feinde waret und Er Vertrautheit zwischen euren Herzen
stiftete, so daß ihr durch seine Gnade Brüder wurdet; und als
ihr euch am Rande einer Feuergrube befandet und Er euch da-
vor rettete. So macht euch Gott seine Zeichen deutlich, auf daß*

ihr der Rechtleitung folgt. Aus euch soll eine Gemeinschaft (von Gläubigen) entstehen, die zum Guten aufrufen, das Rechte gebieten und das Verwerfliche verbieten. Das sind die, denen es wohl ergeht.« (Sure 3,102–104)

Dieser Gedanke der Glaubenseinheit kennzeichnet auch die grundlegenden religiösen Pflichten, denen jeder Gläubige nachkommen soll. Die tragenden »fünf Säulen« (arabisch: Arkan), das Fundament der weltweiten Glaubensgemeinschaft der Muslime, sind:

1. Das Ablegen des Glaubensbekenntnisses (arabisch: Shahada): *»Ich bezeuge, daß es keinen Gott außer Gott gibt, und ich bezeuge, daß Muhammad der Gesandte Gottes ist.«*

2. Das Verrichten des rituellen Gebets (arabisch: Salat): Nach Mekka gewandt, wo mit der Ka'aba, der »heiligen Moschee«, das eigentlich aus vorislamischer Zeit stammende zentrale Heiligtum der Muslime steht, beten die Muslime fünfmal täglich. Die Gebetsrichtung ist im Koran festgelegt und eint seither alle Muslime. Es heißt in der Sure »Die Kuh« (al-Baqara) dazu: *»Von wo du auch herausgehst, wende dein Gesicht in Richtung der heiligen Moschee.« (Sure 2,149)* Vorgeschrieben als Gemeinschaftsgebet ist darüber hinaus das »Freitagsgebet«. In der Sure »Der Freitag« (al-Djumu'a) steht: *»O ihr, die ihr glaubt, wenn am Freitag zum Gebet gerufen wird, dann eilt zum Gedenken Gottes und laßt das Kaufgeschäft ruhen. Das ist besser für euch, so ihr Bescheid wißt. Wenn das Gebet beendet ist, dann breitet euch im Land aus und strebt nach etwas von der Huld Gottes. Und gedenkt Gottes viel, auf daß es euch wohl ergehe.« (Sure 62,9+10)*

3. Das Fasten (arabisch: Saum) im 29- bzw. 30tägigen Fastenmonat Ramadan, dem neunten Monat des islamischen Mondjahres. In der »Kuh«-Sure heißt es: *»O ihr, die ihr glaubt, vorgeschrieben ist euch, zu fasten, so wie es denen vorgeschrieben worden ist, die vor euch lebten, auf daß ihr gottesfürchtig werdet, ...« (Sure 2,183)*

4. Die Zahlung der Sozialabgabe (arabisch: Zakat). In der
   Sure »Die Umkehr« (al-Tauba) wird gesagt, für wen die
   Abgabe gedacht ist: *»Die Almosen sind bestimmt für die
   Armen, die Bedürftigen, die, die damit befaßt sind, die,
   deren Herzen vertraut gemacht werden sollen, die Gefan-
   genen, die Verschuldeten, für den Einsatz auf dem Weg
   Gottes und für den Reisenden. Es ist eine Rechtspflicht von
   seiten Gottes. Und Gott weiß Bescheid und ist weise.«*
   (Sure 9,60) und
5. Die Pilgerfahrt (arabisch: Hadj-dj) nach Mekka: Einmal
   im Leben sollte ein Muslim die Geburtsstadt Muhammads besuchen und die Ka'aba umwandeln. In der
   »Kuh«-Sure heißt es: *»Und vollzieht die Wallfahrt und
   den Pilgerbesuch für Gott«* (Sure 2,196)

Die Sunna – Die verbindliche Tradition

Die Erzählungen (arabisch: Hadith) rund um das Leben
Muhammads bilden die »Sunna«, die Tradition, die im Islam nach dem Koran zweithöchste Autorität genießt. In ihrer Bedeutung für die Gläubigen sind die Erzählungen vielleicht vergleichbar mit der Apostelgeschichte und der
Briefliteratur des Neuen Testaments im Christentum.

Die Hadith-Sammlungen enthalten Berichte über
Aussprüche und Entscheidungen Muhammads in Einzel-
fällen, die für den Glaubensvollzug der Muslime insbesondere in den Situationen von Bedeutung sind, wo der Koran
keine klare Linie vorgibt. In Zweifelsfällen, so etwa in
Glaubens- und Rechtsfragen, dient das überlieferte Verhalten Muhammads als Richtschnur, wodurch einmal
mehr seine herausragende Bedeutung im Islam unterstri-
chen wird, wenngleich er nicht selbst als Erlöser gilt und
seine Worte und Taten im Unterschied zu Jesus Christus,
wie er im Christentum verstanden wird, nicht das Gewicht
einer göttlichen Offenbarung haben.

Die heiligen
Schriften
des Hinduismus

Ursprung und Bedeutung der Bhagavadgita

Die Bhagavadgita – Teil des Mahabharata

Inhalt und Aufbau der Bhagavadgita

Vorbemerkung

Die buntschillernde religiöse Vielfalt des Hinduismus
spiegelt sich in einer Fülle heiliger Schriften, die nahezu
gleich gültig nebeneinander stehen. Darin unterscheidet
sich diese Religion grundlegend von den »Buchreligionen«
Judentum, Christentum und Islam. Da gibt es als älteste
die teilweise bis mindestens ins 2. Jt.v.C. zurückreichenden
vier Veden (Rigveda, Samaveda, Yajurveda und Atharva-
veda) mit ihren Opfervorschriften und die reichhaltige,
insbesondere den Göttern Vishnu oder Shiva huldigende,
Purana-Literatur – entstanden in den ersten *nachchristlichen* Jahrhunderten – mit ihren Schöpfungsmythen. Und
da gibt es die Upanishaden (verfaßt zwischen 800 und 400
v.C.) mit ihrer All-Einheits-Mystik, nach der die Einzelseele (atman) jedes Wesens im Grunde eins ist mit der
Weltseele (brahman), und das vielen Meditationssystemen
zugrunde liegende Yogasutra (vielleicht 2. Jh. v.C.), das
lehrt, wie man sein Sinnen und Trachten so ausrichtet, daß
man »samadhi«, den Zustand des Erlöstseins, erreicht.

Als herausragendste unter den heiligen Schriften zu
nennen ist die »Bhagavadgita« – oft verkürzt einfach
»Gita« genannt –, in der manche darum auch die »Bibel
des Hinduismus« sehen. Nicht ohne Grund genießt sie bis
heute in Indien allgemein hohes Ansehen, gewähren doch
offensichtlich ihre Inhalte Interpretationsspielräume, die
groß genug sind, daß sich unterschiedliche religiöse Traditionen im Hinduismus auf sie berufen können. Deshalb
wird dieses Buch hier in Aufbau und Inhalt näher erläutert.

Hinduisten – wie im übrigen auch Buddhisten – eint
der Wunsch, dem durch die Taten (karma) und ihre Folge-
wirkungen in Gang gehaltenen ewigen Kreislauf (samsara)
von Geburt und Wiedergeburt, Werden und Vergehen, zu
entrinnen. Darin liegt die Erlösung, die Befreiung
(moksha). Dabei ist es im Grunde gleich, ob jemand in tiefer Meditation die nicht intellektuell, sondern intuitiv ge-

wonnene Erkenntnis (jnana) der All-Einheit anstrebt oder sein Heil in der liebenden Hingabe (bhakti) an einen persönlichen Schöpfergott (ishvara) in seinen unterschiedlichen Gestaltungen und Inkarnationen (avatara) sucht.

Ursprung und Bedeutung der Bhagavadgita

Die »Bhagavadgita« (= Lied oder Gesang des Erhabenen) ist in Indien das wohl am meisten gelesene Andachts- und Erbauungsbuch. Es ist zwischen dem 2. Jh. v.C. und dem 2. Jh. n.C. entstanden. Der der christlichen Glaubenshaltung nahestehende Gedanke der liebenden Hingabe (bhakti) an einen persönlichen Gott – hier der mit dem Ehrentitel »Erhabener« bezeichnete Krishna, eine Inkarnation Vishnus –, wird in einer zentralen Passage ausdrucksstark entfaltet. Neben diesem Erlösungsweg der Hingabe (bhakti-marga) gibt es einen zweiten. Es ist der Weg der intuitiven Erkenntnis (jnana-marga) der Wesenseinheit von Einzelseele (atman) mit der ewigen und unwandelbaren Weltseele (brahman). Auch dieser ist ebenso gangbar wie ein dritter, der in der Gita besonders herausgestellt wird. Es ist der Weg der rechten Tat (karma-marga) oder der Pflichterfüllung, der klare Konturen am Beispiel des Bogenschützen Arjuna in einer konkreten Handlungssituation erhält.

Die Bhagavadgita – Teil des Mahabharata

Die Bhagavadgita ist mit gerade mal 700 Doppelversen nur eine vergleichsweise kleine Episode im sechsten Buch (darin die Kapitel 25 bis 42) des mit insgesamt 100 000 Doppelversen größten altindischen Nationalepos »Mahabharata« (Große Bharata[schlacht]). Das auf Sanskrit abgefaßte Epos, als dessen Autor die Legende den großen

weisen Seher Vyasa angibt, ist zwischen dem 4. Jh. v.C.
und dem 4. Jh. n.C. entstanden. Es ist in 18 Bücher eingeteilt, ergänzt um den »Harivamsa« als 19. Buch, der als
eine Art Nachtrag zum Mahabharata Erzählungen über
das frühere Leben des Gottmenschen Krishna enthält. Die
Schilderungen des dickleibigen, mit mythologischen Erzählungen und philosophischen Abhandlungen angerei-
cherten Heldenepos ranken sich im wesentlichen um die
entscheidende 18tägige Schlacht auf dem »Kuru-Feld« im
Norden Indiens, nördlich der heutigen Stadt Delhi. Die
blutige Auseinandersetzung um die Herrschaft im »Mit-
telland«, bei dem die Pandu-Söhne schließlich den Sieg
davontragen, und seine Vorgeschichte bildet den Haupt-
handlungsstrang des Heldenepos. Historiker nehmen an,
daß diese Schlacht zwischen 1000 und 800 v.C. stattgefunden hat.

Der Hintergrund des Bruderkriegs zwischen den
Kurus auf der einen und ihren Verwandten, den Pandus,
auf der anderen Seite ist schnell erzählt: Die Pandu-Söhne
Arjuna und Yudhishthira kehren aus 13jähriger Verban-
nung zurück. Yudhishthira, der beim Würfeln sein ganzes
Königreich verloren hatte – das war der Anlaß für die Ver-
bannung –, beruft sich nun auf die gegebene Zusage, nach
seiner Rückkehr seinen Anteil am Königreich wiederzuer-
halten. Doch der zwischenzeitlich allein regierende Herrscher Duryodhana, ältester Sohn des blinden Kuru-Königs
Dhritarashtra und Vetter Yudhishthiras und Arjunas, weigert sich. Letzte Versuche des Pandu-Königs Yudhishthira,
auf diplomatischem Wege noch zu einer friedlichen Lö-
sung des Konflikts zu kommen, schlagen fehl. Die beiden
unversöhnlichen Familienzweige des Bharata-Königsge-
schlechts stehen sich schließlich unversöhnlich und
kampfentschlossen gegenüber. An dieser entscheidenden
Stelle im sechsten Kapitel des Mahabharata, unmittelbar
vor Ausbruch des Bruderkriegs, setzt der Gesang Krishnas
ein.

Auf die Frage des alten und blinden Kuru-Königs Dhrita-rashtra, was passierte, als sich die beiden Heere feindlich gegenüberstanden, unterrichtet ihn der Erzähler und Wagenlenker Sanjaya über diese Situation und leitet damit die Bhagavadgita ein. Die Hauptpersonen in den 18 Gesängen sind der Bogenschütze Arjuna und sein Busenfreund Krishna, eine Erscheinungsform (avatara) des Gottes Vishnu und insofern dieser selbst. Krishna gibt sich Arjuna aber zu Beginn noch nicht als Gottheit zu erkennen, sondern tritt zunächst nur als Lenker seines Streitwagens und als sein Lehrer in Erscheinung. Ausgangssituation ist die, daß der Krieger Arjuna zögert, in den Kampf zu ziehen, als er auf der Gegenseite Freunde und Verwandte erkennt. Daraufhin entspinnt sich ein vom Erzähler nur selten unterbrochener Dialog zwischen Arjuna und Krishna zu der Frage, ob Arjuna eine erneute Wiedergeburt bewirkende Schuld auf sich lädt, wenn er seiner Kriegerpflicht (kshatriya-dharma) nachkommt und tötet. Mit welchen Argumenten Krishna Arjuna schließlich davon überzeugt, dennoch reinen Gewissens kämpfen zu können, gewährt tiefe Einblicke in hinduistisch-theologisches Denken und in die aufkeimende Bhakti-Frömmigkeit.

Der in diesem Kapitel in Auszügen wiedergegebene Text des Lehrgedichtes geht zurück auf die Übersetzung des Sanskritoriginals von Siegfried Lienhard.

Erster bis sechster Gesang

In den ersten sechs Gesängen werden Wege, die zur Befreiung aus dem Samsara führen, behandelt.

»Ach weh! Wir sind entschlossen, eine große Sünde zu begehen, denn aus Gier nach den Freuden der Königsherrschaft stehen wir bereit, unsere eigenen Leute zu töten. Es wäre besser für mich, wenn die Söhne des Dhritarashtra, mit Waffen in ihren Händen, mich, den Unbewaffneten, Wehrlosen, in der Schlacht erschlügen.« (1. Gesang, Verse 45+46)

Arjuna, der fürchtet schuldig zu werden, zeigt sich trotz des Tadels und der Ermahnung zur Tapferkeit durch Krishna fest entschlossen, nicht zu kämpfen. Daraufhin erläutert Krishna ihm in einem langen religionsphilosophischen Exkurs, der fast den gesamten zweiten Gesang durchzieht und 61 Verse von insgesamt 72 Versen umfaßt, weshalb er keine Schuld auf sich lädt, selbst wenn er gegen seine Freunde, Bekannten und Verwandten zu Felde zieht. Theologisch begründet wird das damit, daß sich das Göttliche in der einzelnen Seele zwar manifestiert, in mancher Überzeugung mit dieser auch wesenseins ist, aber im Grunde unbehelligt bleibt von allen äußeren Einflüssen. Folglich kann sie auch nicht getötet werden. *»Wisse, daß unzerstörbar ist, von dem das alles durchdrungen ist. Niemand kann die Zerstörung dieses Unwandelbaren bewirken. Ein Ende haben die Körper, unzerstörbar und unfaßbar aber ist das Ewige, welches in diese Körper eingegangen ist. Darum kämpfe, o Bharata (Arjuna)!«* (2. Gesang, Verse 17+18)

Mit der Lehre von der Wiederverkörperung, bei der die Seele in dieser Deutung unbefleckt bleibt, unabhängig davon, in welchem Körper sie sich augenblicklich befindet und in welchen sie, wenn dieser vergeht, bei einer erneuten Wiedergeburt eingeht, versucht Krishna deutlich zu machen, daß Arjuna in Wirklichkeit keinen (Bruder-)Mord begeht. Zwar könne er den Körper verletzten, ja töten, nicht aber das ewige, unwandelbare Selbst (atman) an sich. *»Wie ein Mann abgetragene Kleider ablegt und andere, neue anzieht, so legt auch die Seele die abgetragenen Körper ab und geht in andere, neue, ein.«* (2. Gesang, Vers 22)

Daß Arjuna diese Zusammenhänge erkennt und dann befreit handelt, hofft Krishna. Wiederholt erinnert er ihn an seine Pflicht als Krieger und weist darauf hin, daß er Schuld auf sich lädt, wenn er ihr nicht nachkommt: *»Wenn du diese pflichtgemäße Schlacht nicht aufnimmst, gerätst du in Schuld, indem du dein Gesetz und deinen Ruhm verrätst.«* (2. Gesang, Vers 33)

Es folgen Appelle an Arjunas Ehrgefühl unter Hinweis auf die Schmach und die Schande, der er sich ausgesetzt sähe aufgrund seines pflichtwidrigen Handelns. Man würde ihn der Feigheit bezichtigen und ihn verachten. Statt dessen fordert Krishna ihn auf: *»Rüste dich zum Kampfe, nachdem dir Freude und Leid, Gewinn und Verlust, Sieg und Niederlage gleichgültig geworden sind. So wirst du nicht in Schuld geraten. (...) Deine Aufgabe liegt allein im Handeln, nicht in dessen Früchten. Lasse nicht die Früchte deines Tuns dein Beweggrund sein; ergib dich nicht der Untätigkeit! Gib die Anhänglichkeit auf, o Schätzegewinner (Arjuna), und vollbringe, im Yoga gefestigt, deine Werke. Sei gleichmütig gegen Erfolg und Mißerfolg. Gleichmut wird Yoga genannt. (...) Wer seinen Verstand (an das Göttliche) geschirrt hat (oder: in seinem Verstande wohl gegründet ist), läßt beides fahren: Gut und Böse. Befleißige dich darum des Yoga. Yoga ist Geschick im Handeln.«* (2. Gesang, Verse 38, 47+48, 50)

Diese Geisteshaltung, derzufolge jemand der eigenen Pflicht um der Pflicht willen Genüge tut – also durchaus erwartungsgemäß handelt, nur eben ohne ein persönliches Interesse und ungeachtet des Ergebnisses –, ist es, auf die es Krishna ankommt. Ziel ist es, innerlich loszulassen, frei zu werden von jeglicher Begierde, die Ursache schuldhafter Verstrickung in den immerwährenden Daseinskreislauf ist. Die anzustrebende (Selbst-)Erkenntnis, belehrt Krishna Arjuna, die alles Handeln bestimmen soll, hat ihren letzten tiefen Grund in der Gotterkenntnis. Das deutet sich Ende des zweiten Drittels des sechsten Gesangs an, wenn Krishna von sich selbst sagt: *»Wer mich überall sieht und alles in mir sieht, dem gehe ich nicht verloren, noch geht er mir verloren. Der Yogin, der in der Einheit feststeht und mich als in allen Wesen wohnend verehrt, lebt in mir, auf welche Weise er auch immer tätig sein mag. Wer, o Arjuna, mit Gleichmut alles im Bilde seines eigenen Selbst sieht, sei es in Freuden, sei es in Leiden, dieser wird als ein vollkommener Yogin betrachtet.«* (6. Gesang, Verse 30–32) Um ein solcher Weiser (yogin) zu werden, der all sein Sinnen und Trachten auf dieses höchste Ziel hin lenkt, ist es oft ein langer mühevoller Weg durch viele Wiedergeburten, ehe er zur Vollendung kommt. Unter allen diesen Weisen aber wird derjenige von Krishna besonders geschätzt, der ihm in liebender Hingabe (bhakti) zugetan ist: *»Und von allen Yogins halte ich den, der mich gläubig verehrt, mit seinem inneren Selbst in mir wohnt, für den (mir im Yoga) am meisten verbundenen.«* (6. Gesang, Vers 47)

Siebter bis elfter Gesang

Gottes Wesen ausführlich darzulegen, ist der Inhalt des zweiten Drittels der Gita mit dem Höhepunkt der Erscheinung Gottes, der Selbstoffenbarung Krishnas, im 11. Gesang.

Doch zunächst beschreibt Krishna Arjuna sein aus zwei Naturen bestehendes Wesen. Danach ist er mit seiner »niederen Natur«, der unbewußten Seite, in der Welt eingebunden. Durch seine »höhere Natur«, seine bewußte Seite, wird diese Welt getragen. Diese geht in einem immerwährenden Schöpfungsprozeß in ihrer ganzen Vielfalt und Fülle – mit Menschen, Pflanzen, Tieren, allen Dingen, letzthin dem ganzen Kosmos – aus ihm hervor und wieder in ihn zurück, um wieder neu aus ihm hervorzugehen. Er ist allgegenwärtig und alles ist in ihm. Letzteres bezeichnen Wissenschaftler als Pan-en-theismus (griechisch: alles ist in Gott). *»Nichts gibt es jemals, o Schätzegewinner (Arjuna), das höher wäre als ich. Wie Edelsteinreihen auf einer Schnur ist alles hinieden auf mich aufgereiht.«* (7. Gesang, Vers 7)

Nach hinduistischer Vorstellung dauert ein großer Weltzyklus (kalpa) 4,32 Milliarden Jahre. Innerhalb eines Großzyklus wiederholen sich 1000 Mal jeweils vier, immer kürzer werdende Phasen, als »Weltalter« (yuga) bezeichnet. Die erste Phase, das »Krita-yuga«, dauert 1,728 Millionen Jahre. Die zweite, das »Treta-yuga«, dauert 1,296 Millionen Jahre, die dritte, das »Dvapara-yuga«, 864 000 Jahre und die gegenwärtige vierte, das »Kali-yuga«, währt »nur« 432 000 Jahre. Nach einer Ruhephase von weiteren 4,32 Milliarden Jahren erneuert sich die Welt und der Zyklus beginnt von vorn. Jedes Weltalter erfordert andere Formen der Erlösung. So nehmen auch Gottheiten, wie hier in der Gita am Beispiel Krishnas zu sehen, verschiedene Gestalt an.

Wer bei ihm, Krishna, seine Zuflucht sucht, das heißt an ihn glaubt und ihm vertraut, der überwindet letztlich die durch die Gier hervorgerufene Täuschung, die Verblendung, die den Kreislauf der Wiedergeburten verursacht. Krishna rät Arjuna, alles Sinnen und Trachten auf ihn zu richten. So gewappnet solle er in den Kampf ziehen. Die eine Wiedergeburt verhindernde höchste Vollendung sei in fortwährendem Gedenken an ihn, Krishna, erreichbar.

Arjuna, der von einigen zwischendurch gestellten Verständnisfragen abgesehen, bislang geschwiegen und aufmerksam zugehört hat, wie den einleitenden Worten des neunten Gesangs zu entnehmen ist, wird nun von Krishna, der noch in menschlicher Gestalt ist, in das, wie es da im ersten Vers heißt, »*tiefe mit Wissen versehene Weisheitsgeheimnis*« eingeführt, »*durch dessen Erkenntnis du vom Übel erlöst werden wirst*«. Wenig später sagt Krishna: »*Die Verblendeten verachten mich, der ich in einen menschlichen Körper gekleidet bin, und kennen nicht meine höhere Natur als Herr aller Wesen.*« (9. Gesang, Vers 11)

Es geht darum, vertrauensvolle, liebende Hingabe (bhakti) an den einen höchsten Gott, hier Krishna, zu entwickeln. Eine Hingabe, wie sie selbst jenen als zu entfalten möglich zugestanden wird, die an andere Götter glauben. »*Obgleich sie es nicht nach dem wahren Gesetz tun*« (will heißen: nicht im Sinne des Hinduismus), wie es dann einschränkend in Vers 23 heißt, gelten so verstanden also auch beispielsweise Christen als »Gottesverehrer«.

Diese Hingabe, das heißt die alleinige Ausrichtung auf Krishna, bewirkt: »*So wirst du von den guten und bösen Fol-*

*gen, welche die Fesseln der Werke sind, erlöst werden. Deinen
Geist fest auf den Pfad der Entsagung gerichtet, wirst du
befreit werden und zu mir gelangen. (…) Denn alle die Zuflucht in mir suchen, o Partha (Arjuna), auch wenn sie Nied-
riggeborene, Frauen, Vaishyas und Shudras sind, auch sie gelangen an das höchste Ziel. Wieviel mehr erst die heiligen
Brahmanen und die frommen königlichen Weisen. Verehre
mich, nachdem du in diese vergängliche, leidvolle Welt einge-
treten bist. Richte deinen Geist auf mich; sei mir ergeben; verehre mich, huldige mir; nachdem du dich so gezügelt hast,
wirst du, mich zum Ziele habend, zu mir kommen.« (9. Gesang, Verse 28+32–34)*

Die liebevolle Zuwendung beruht auf Gegenseitigkeit,
wie Krishna in Fortsetzung seines Monologs im zehnten
Gesang deutlich macht. »*Diesen, die immerdar hingege-
ben sind und mich in Liebe verehren, gewähre ich die Versenkung des Verstandes, durch welche sie zu mir gelangen. Aus
Mitleid mit diesen zerstöre ich, in meinem wahren Zustand
verweilend, mit der leuchtenden Lampe der Weisheit die aus
der Unwissenheit geborene Finsternis.« (10. Gesang, Verse
10+11)*

Auf diese Worte, die Krishna an Arjuna richtet, um ihn
zu überzeugen, sich ihm völlig hinzugeben, folgt eine Art
Glaubensbekenntnis Arjunas. Darin anerkennt Arjuna
Krishna als alles durchdringende höchste Gottheit. Doch
was ihm noch fehlt, ist die entsprechende Erkenntnis. So
fragt er Krishna, wie er sich so versenken, so meditieren,
kann, daß er ihn erkennt. Daraufhin erläutert Krishna in
22 Versen die Gestaltungen seiner göttlichen Vielgestaltig-
keit, »*die am meisten hervorragen*« (Vers 19). Die Aufli-
stung gleicht einem Schnelldurchlauf in Sachen indischer
Mythologie, Religions- und Geistesgeschichte. Die Selbst-
charakterisierung Krishnas gipfelt zum Ende des zehnten
Gesangs in dem Ausspruch: »*Aber was brauchst du, o Arjuna, ein so ausführliches Wissen? Ich trage dieses ganze All,
indem ich es mit einem einzigen Teil meines Selbst durch-
dringe.« (10. Gesang, Vers 42)*

Jetzt ist der Augenblick gekommen, wo Arjuna, durch die Worte Krishnas überzeugt und von der Verwirrung befreit, wie er selbst sagt, Krishna bittet, sich ihm vollends zu offenbaren und ihm sein »unvergängliches Selbst«, die höhere seiner beiden Naturen, zu zeigen. Der elfte Gesang ist der zentrale Teil der Bhagavadgita, der die vollkommene Offenbarung Krishnas als höchster und allumfassender Gott zum Inhalt hat. »*Erblicke, o Partha (Arjuna), meine Gestalten, hundertfältig, tausendfältig, verschiedenartig, göttlich, von verschiedenen Farben und Formen. (...) Erblicke heute das ganze Universum, das bewegliche und das unbewegliche und was du sonst noch zu schauen begehrst, o Gudakesha (Arjuna), hier in meinem Körper vereinigt.*« *(11. Gesang, Verse 5+7)*

Was vorher mit Worten beschrieben wurde, soll Arjuna jetzt unmittelbar in einer Vision schauen. Dazu reicht das menschliche Auge jedoch nicht aus, wie Krishna sagt. Im Text heißt es, daß er ihm darum »*das übernatürliche Auge*« verleiht. In anderen religiösen Schriften wird es auch als »drittes Auge« bezeichnet, das man sich entsprechend den Darstellungen in der indischen Ikonographie im Stirnbereich, zwischen den beiden natürlichen Augen liegend, vorzustellen hat.

»*Da schaute der Pandava (Arjuna) das ganze Universum mit seinen mannigfachen Teilen in einem einzigen vereinigt, in dem Körper des Gottes der Götter.*« *(11. Gesang, Vers 13)*, läßt der Gita-Schreiber den Erzähler Sanjaya an dieser Stelle sagen. Arjuna, von der Machtfülle Krishnas zugleich erstaunt, aufgeregt und voller Ehrfurcht, als könne er nicht fassen, was er gesehen, neigt sein Haupt. Dann sprudelt er geradezu über von dem, was er gesehen, und schildert in den folgenden 16 Versen wortreich seine Vision, seine mystische Gotteserfahrung, die im Grunde – das machen diese Verse offensichtlich – mit Worten nur unzureichend wiedergegeben werden kann. Dabei zeigt sich, daß Krishna neben seiner freundlichen Seite als Befreier aus dem Samsara auch eine furchterregende Seite hat. Krishna ist nicht nur der, aus dem alles hervorgeht. Er ist auch der, in den alles wieder eingeht. Er ist nicht nur Schöpfer und Erhalter der Welt. Er ist zugleich auch ihr Zerstörer: »*Ich bin die Zeit, die weltzerstörende, reifgewordene, damit beschäftigt, die Welt zu unterwerfen. Auch ohne dich (dein Handeln) werden alle in den gegnerischen Heeren aufgestellten Krieger zu sein aufhören.*« (11. Gesang, Vers 32) Der kosmische Prozeß immerwährenden Werdens und Vergehens ist im Grunde eine gottgegebene Ordnung, ein ewiges Weltgesetz (sanatana dharma). Dieses Weltgesetz wird letztlich nicht aufgehalten, macht Krishna, der Arjuna darum wiederholt an die Erfüllung seiner Kriegerpflicht (kshatriya-dharma) erinnert, unmißverständlich deutlich. Das heißt, wenn er dieser Pflicht nicht nachkommt und nicht in den Kampf zieht, schade er letztlich nur sich selbst. Krishna fordert Arjuna auf: »*Darum erhebe dich und erringe Ruhm. Besiege deine Feinde und genieße ein blühendes Königtum. Sie sind bereits von mir geschlagen. Sei du nur mehr der Anlaß, o Savyasacin (Arjuna).*« (11. Gesang, Vers 33)

Noch zitternd und voller Furcht wegen der zerstörerischen Seite Krishnas findet Arjuna dennoch Worte des Lobpreises. Krishna tröstet den noch unter Schock stehenden Arjuna, indem er sagt: »*Habe keine Angst, sei nicht verwirrt, wenn du diese meine schreckliche Gestalt erblickst. Betrachte frei von Furcht und frohen Herzens diese meine andere (frühere) Gestalt.*« (11. Gesang, Vers 49) Fortan zeigt sich Krishna zu Arjunas Beruhigung wieder in seiner Gnadengestalt, erscheint wieder menschlich freundlich. Der elfte Gesang endet mit den Worten Krishnas: »*Wer für mich wirkt, wer mich als sein Ziel betrachtet, wer mich verehrt, frei von Anhänglichkeit und ohne Feindschaft gegen alle Geschöpfe ist, dieser gelangt zu mir, o Pandava (Arjuna).*« (11. Gesang, Vers 55)

Zwölfter bis achtzehnter Gesang

Die sieben Gesänge, das letzte Drittel der Gita, füllen den
Aspekt der liebevollen Hingabe an Krishna, den höchsten
persönlichen Gott, weiter aus. Er gilt als der leichtere Weg
zur Befreiung aus dem Samsara, das im 12. Gesang (Vers
11) bildlich als »*Meer des todgeweihten Daseins*« beschrieben wird. Andere Wege sind damit nicht von vornherein
ausgeschlossen – es gibt also nicht den exklusiven Heilsweg, wie ihn etwa Judentum, Christentum und Islam vor-
geben –, aber sie sind hinsichtlich ihres Schwierigkeitsgra-
des qualitativ unterschiedlich.

Wer sein Sinnen und Trachten nicht dauerhaft auf
Krishna lenken kann, dem rät die Gita, zur Zügelung des
Geistes entsprechende Versenkungsübungen zu praktizie-
ren. Hier knüpft der Text an die alte indische Yoga-Tradi-
tion an. Das höchste ist jedoch die liebende Hingabe
(bhakti) an Krishna: »*Diejenigen aber, welche gläubig mich
als ihr höchstes Ziel betrachtend, dieser unsterblichen Weisheit folgen, diese Hingegebenen liebe ich außerordentlich.*«
(*12. Gesang, Vers 20*)

Dieser Gedanke eines im Grunde in Freiheit Handeln-
den wird, an die Adresse Arjunas gerichtet, in dem die Bhagavadgita abschließenden 18. Gesang nochmals ausführlich entfaltet. Entscheidend ist, daß hier im konkreten Fall
nicht einem Entsagen des Handelns das Wort geredet wird.
Vielmehr ist die Botschaft der Gita, daß ein Handeln, das in
Erfüllung einer standesgemäßen Pflicht geschieht, dann
keine schuldhafte Verstrickung in den ewigen Daseinskreislauf bewirkt, wenn sie um ihrer selbst willen getan
wird, vollzogen im Vertrauen auf den höchsten Gott im
richtigen Bewußtsein, das heißt im Einklang mit der göttlichen Weltordnung und im Wissen um die »unvergängliche
Wesenheit in allen Wesen«. Ein solches Handeln wird als
im ethischen Sinne »gut« bezeichnet, das leidenschaftslos
geschieht, also »*ohne Liebe und ohne Haß*«, ist, wie es hier
heißt. Im weiteren Verlauf des Gesangs weist Krishna dar-

auf hin, daß es je nach gesellschaftlicher Stellung – der
Hinduismus unterscheidet vier Kasten: Priester (Brahmanen), Adlige und Krieger (Kshatriyas), Händler und Kauf-
leute (Vaishyas) und Tagelöhner und Sklaven (Shudras) –
verschiedene Pflichten gibt: »*In Übereinstimmung mit den
aus ihrer Natur erwachsenen Eigenschaften unterscheiden
sich, o Feindbezwinger (Arjuna), die Tätigkeiten der Brahmanen, der Kshatriyas, der Vaishyas und auch der Shudras
voneinander. Heiterkeit, Selbstbeherrschung, Askese, Reinheit, Nachsicht und Aufrichtigkeit, Weisheit, Wissen und religiöser Glaube: dies sind die aus seiner Natur entsprungenen
Pflichten des Brahmanen. Heldentum, Kraft, Standhaftig-
keit, Findigkeit, Durchhalten auch im Kampfe, Großherzig-
keit und Führerschaft: dies sind die aus seiner Natur entsprungenen Pflichten eines Kshatriya. Ackerbau, Viehzucht
und Handel sind die aus seiner Natur entsprungenen Pflichten eines Vaishya; dienende Arbeit ist die aus seiner Natur
entsprungene Pflicht eines Shudra. Der Mensch erlangt Vollendung, wenn sich jeder seiner eigenen Pflicht befleißigt. Auf
welche Weise man, sich seiner Pflicht befleißigend, Vollendung erlangt, dies höre nun.*« (18. Gesang, Verse 41–45)

Oberstes Gebot ist also die Erfüllung der Kasten-
pflicht, selbst wenn dieser Pflicht nur unzureichend ge-
nügt wird. Die liebende Hingabe an Krishna, den höchsten
Gott, erweist sich dabei als entscheidende Hilfe. Wer seine
Werke verrichtet, indem er zu ihm seine Zuflucht nimmt,
so heißt es, »*erreicht durch meine Gnade die ewige, unvergängliche Wohnstätte.*« (18. Gesang, Vers 56) Direkt an Arjuna gerichtet sagt Krishna die für indische Ohren jener
Zeit so ungewöhnlichen und geradezu wie ein neues Evangelium klingenden Worte: »*Richte deinen Geist auf mich; sei
mir ergeben; opfere mir; verehre mich; so wirst du zu mir gelangen. Ich verspreche es dir wahrhaftig, denn du bist mir
lieb.*« (18. Gesang, Vers 65)

Die Zwiesprache endet damit, daß Arjuna, von
Krishna überzeugt, nun seiner Pflicht gemäß handeln und
»*ohne Zweifel*« in den Kampf ziehen wird.

Die heiligen
Schriften
Zwei entscheidende Konzile **des Buddhismus**

Der Schriftenkanon des Hinayana

Auszüge aus Lehrtexten des Mahayana

Vorbemerkung

Der Buddhismus in seinen verschiedenen Erscheinungs-
formen seit seinen Anfängen im 4. und 5. Jh. v.C. hat eine
überaus umfangreiche Literatur hervorgebracht. Allein
der zweiteilige Kanon heiliger Schriften des tibetischen
Buddhismus besteht aus 316 Bänden mit zusammen 4681
Werken – nach anderer Zählung 333 Bände mit 5017 Werken. Weniger als ein Drittel der Texte steht im »Kanjur«,
der in 92 bzw. 108 Bänden »das übersetzte Wort (Buddhas,
des Begründers dieser Weltreligion)« enthält. Der weit
überwiegende Teil steht im 225 Bände umfassenden »Tanjur« und enthält die »übersetzte (buddhistische) Lehre«.
Etwa um 1300 n.C. waren Kanjur und Tanjur im wesentlichen abgeschlossen. Die Texte sind in aller Regel wortge-
treue Übersetzungen der in Pali und der, wenn überhaupt
nur noch fragmentarisch erhaltenen, in Sanskrit abgefaßten buddhistischen Originaltexte indischer Herkunft ins
Tibetische. Sie sind damit neben den chinesischen Übersetzungen buddhistischer Schriften eine wichtige Quelle
zur Erschließung insbesondere des späteren Buddhismus.

Wie schon beim Hinduismus macht die Vielzahl heiliger Schriften im Buddhismus eine gezielte Auswahl unum-
gänglich, um wenigstens ansatzweise einige charakteristi-
sche Merkmale der Buddha-Lehre und ihrer Weiterent-
wicklungen vorzustellen. Zwei Texte aus dem frühen und
zwei aus dem späteren Buddhismus werden dazu in Auszügen zitiert und kurz erläutert.

Zwei entscheidende Konzile

Unmittelbar nach dem Tod Buddhas (480 v.C., vielleicht
auch 100 Jahre früher), des Begründers des Buddhismus,
soll es ein erstes Konzil in Rajagriha gegeben haben, um die
buddhistische Lehre festzuschreiben, und weitere 100
Jahre später ein zweites in Vaishali, bei dem sich zwei

Haupt-Schulrichtungen des Buddhismus herauskristalli-
siert haben. Seit dem Vaishali-Konzil, das man in Bedeutung
und Wirkung mit der Reformation im Christentum verglei-
chen kann, wird zwischen einem »Theravada (= Weg der Ältesten)«- bzw. »Hinayana (= Kleines Fahrzeug)«- und einem
»Mahayana (= Großes Fahrzeug)«-Buddhismus unterschieden. Während Hinayana-Anhänger im Sinne ihres Ideals,
ein »Arhat« zu werden, ihr Augenmerk im wesentlichen ausschließlich auf die eigene Erlösung richten, haben Mahay-
ana-Anhänger mit ihrem »Bodhisattva-Ideal« konstitutiv
auch die Erlösung anderer im Blick.

Der Schriftenkanon des Hinayana

Der Pali-Kanon

Über die Wurzeln des Buddhismus in seiner frühen Form in
den ersten vorchristlichen Jahrhunderten gibt der auf dem
heutigen Sri Lanka in der aus dem Sanskrit abgeleiteten Pali-
Sprache abgefaßte Kanon das klarste Bild. Denn er ist der
einzige vollständig erhaltene Kanon aus der Frühzeit des
Buddhismus. Dieser Kanon birgt die grundlegenden heiligen Schriften der wichtigen buddhistischen Schulrichtung
der »Theravadins«. Wenn man auch ins Kalkül ziehen muß,
daß einzelne Schriften eine unterschiedliche Wertschätzung
in den verschiedenen Mönchsgemeinschaften jener Zeit erfahren haben, dürfte der Pali-Kanon ohne Zweifel im Kern
doch das Wesentliche der allgemein anerkannten ursprünglichen buddhistischen Lehre enthalten.

Der Pali-Kanon besteht aus mehreren Textsammlungen, die drei unterschiedlichen Körben (Ti-pitaka) zugeordnet sind:

1. Vinaya-pitaka (Korb der Ordensdisziplin): dieser Korb,
   der das Leben der buddhistischen Mönche und Nonnen
   regelt, besteht aus der Erläuterung der Ordenszucht und
   aus weiteren Abschnitten;

2. Sutta-pitaka (Korb der Lehrtexte): dieser Korb, der hauptsächlich die Lehrreden Buddhas und seiner Jünger enthält, besteht aus den fünf Sammlungen »Dighanikaya« (Längere Sammlung), »Majjhima-nikaya« (Mittellange Sammlung), »Samyutta-nikaya« (in Gruppen geordnete Sammlung), »Anguttara-nikaya« (nach Zahlen aufsteigend angeordnete Sammlung) und »Khudakka-nikaya« (Sammlung kurzer Textstücke);

3. Abhidhamma-pitaka (Korb der systematischen Abhandlungen über die Lehre): dieser Korb ist unterteilt in sieben Bücher und enthält die Scholastik.

Die vier edlen Wahrheiten

Sich aus den Fesseln des ewig währenden Wiedergeburtskreislaufs (samsara) zu befreien ist analog dem Heilsziel des Hinduismus auch das Anliegen des Buddhismus. Die Annahme eines durch die Geburtenkette wandernden im Grunde unwandelbaren Selbst im Sinne des »atman« im Hinduismus wird im Urbuddhismus jedoch strikt abgelehnt. Denn eine solche Annahme führt gemäß buddhistischer »an-atta-(Nicht-Selbst-)Lehre« nicht wirklich zur Befreiung aus dem Samsara, weil sie nach dieser Überzeugung auch nur wieder an etwas Bedingtes bindet. Der Buddhismus lehrt darum eine letztlich von jeglichen bindenden und bedingten Vorstellungen loslösende Meditationspraxis. Wer durch entsprechende Versenkungsübungen im Verein mit einer zurückgezogenen und enthaltsamen Lebensweise als Mönch die befreiende intuitive Erkenntnis erlangt, im Buddhismus als »Erleuchtung« oder »Erwachen« (bodhi) bezeichnet, ist in dieser Vorstellung ein »Erleuchteter«, ein »Erwachter« (buddha). Das ist ein Ehrentitel – vergleichbar mit der Bezeichnung Jesu als Christus. Ein solcher Buddha hat die zwölfgliedrige Kette von der »bedingten Entstehung« (paticca-samuppada), die ein immer neues Werden verursacht, durchbrochen. Er wird nicht mehr wiedergeboren, sondern geht ein in das einzig Un-bedingte, das »Verlöschen«, das »Verwehen« (Pali: nibbana/Sanskrit: nirvana).

Der erste, der diesen meditativen Weg gegangen ist und anschließend für andere geebnet hat, war Siddhartha Gautama, der spätere Buddha. Er wurde in Kapilavastu im heutigen indisch-nepalesischen Grenzgebiet als Sohn des der Kshatriya-Kaste angehörenden Shakya-Provinzfürsten Shuddhodana um 560 v.C. – möglicherweise aber auch erst um 450 v.C. – geboren und starb, wie es heißt, 80jährig in Kushinagara.

In den von seinen Anhängern überlieferten Predigten und Lehrgesprächen (Pali: sutta/Sanksrit: sutra), die Gautama nach seiner Erleuchtung bei seinen Wanderungen durch Nordindien gehalten hat, wird er von ihnen ehrfurchtsvoll oft als »Erhabener« angeredet oder bezeichnet. Die Texte beginnen für gewöhnlich mit der stereotypen Einleitungsformel: »*So habe ich gehört: Einstmals weilte der Erhabene in...*« Meist schließt sich eine Gespächssituation an, in deren Verlauf der Buddha seine Jünger belehrt und unterweist. So erläutert der Buddha einigen Mönchen bei einer Unterredung »*im Lande der Kuru*« die im Buddhismus zentrale Lehre von den »vier edlen Wahrheiten«, in der das Dasein in der Welt als im Grunde leidvolle Existenz (dukkha) beschrieben wird. Das folgende längere Textzitat aus dem »Maha-satipatthana-suttanta« wurde übersetzt von Karl Seidenstücker. Die Lehrrede steht im »Dighanikaya«, gehört also im Pali-Kanon zum zweiten Korb, dem »Sutta-pitaka«.

Zunächst fragt der Buddha die Mönche, was denn ihrer Meinung nach die erste Wahrheit, »*die hohe Wahrheit vom Leiden*«, ist, um die Frage dann unmittelbar darauf gleich selbst zu beantworten: »*(...) Geburt ist leidvoll, Alter ist leidvoll, (Krankheit ist leidvoll,) Tod ist leidvoll, Kummer, Jammer, Schmerz, Gram und Verzweiflung sind leidvoll, nicht erlangen, was man begehrt, ist leidvoll. Kurz gesagt, die fünf Gruppen des Anhaftens sind leidvoll. Was, ihr Mönche,*

*ist das Alter? Aller der Wesen in dieser oder jener Wesens-
klasse Altern und Welken, Abgenutzt-, Grau- und Runzelig-
werden, das Schwinden der Lebenskraft, das Stumpfwerden
der Sinne: Das nennt man, ihr Mönche, das Alter. Und was,
ihr Mönche, ist der Tod? Das Abscheiden, Hinweggehen aller
der Wesen aus dieser oder jener Wesensklasse, die Auflösung,
das Vergehen, der Tod, das Sterben, die Erfüllung der Zeit,
der Zerfall der Gruppen, die Zersetzung des Leichnams: Das
nennt man, ihr Mönche, den Tod. (...) Und inwiefern, ihr
Mönche, ist das Nichterlangen dessen, was man begehrt, leidvoll? Die der Geburt unterworfenen Wesen verfallen dem
Wunsche: ›O daß wir doch der Geburt nicht unterworfen wären, daß uns doch keine Geburt mehr bevorstünde!‹ Aber das
kann man durch Wünschen nicht erreichen, und eben dieses
Nichterlangen dessen, was man begehrt, ist leidvoll. Die dem
Alter, der Krankheit, dem Tode, dem Kummer, Jammer,
Schmerz, Gram und der Verzweiflung unterworfenen Wesen
verfallen dem Wunsche: ›O daß wir doch dem Alter, der
Krankheit, dem Tode, dem Kummer, Jammer, Schmerz,
Gram und der Verzweiflung nicht unterworfen wären, daß
uns doch kein Alter, keine Krankheit, kein Tod, kein Kummer,
Jammer, Schmerz, Gram und keine Verzweiflung bevorstünde!‹ Aber solches kann man durch Wünschen nicht erreichen, und eben dieses Nichterlangen dessen, was man begehrt, ist leidvoll. Und was, ihr Mönche, sind kurz gesagt, die
leidvollen fünf Gruppen des Anhaftens? Es sind folgende: Die
Haftensgruppe der körperlichen Form, die Haftensgruppe
der Empfindung, die Haftensgruppe der Wahrnehmung, die
Haftensgruppe der Gemütsregungen, die Haftensgruppe des
Bewußtseins. Dies, ihr Mönche, nennt man kurz gesagt, die
fünf leidvollen Gruppen des Anhaftens. Dies, ihr Mönche,
nennt man die hohe Wahrheit vom Leiden.*

   Auch die anschließende Frage nach der zweiten
Wahrheit, der »*hohen Wahrheit von der Entstehung des
Leidens*«, beantwortet der Buddha, ohne eine Antwort der
Mönche abzuwarten: »*(...) Es ist jener Wiedergeburt er-
zeugende, von Lust und Wohlgefallen begleitete, Durst, der*

bald hier, bald dort sich ergötzt, das will sagen: Der Durst nach Sinnenlust, der Durst nach Werden, der Durst nach Vernichtung. Wo aber, ihr Mönche, entsteht und entspringt eben dieser Durst? Wo setzt er sich fest und greift um sich? Was da in der Welt angenehm und reizend ist, dort entsteht und entspringt eben dieser Durst, dort setzt er sich fest und greift um sich. Was aber ist in der Welt angenehm und reizend? Das Auge ist in der Welt angenehm und reizend, dort entsteht und entspringt eben dieser Durst, dort setzt er sich fest und greift um sich. Das Ohr, – die Nase, – die Zunge, – der Leib, – der Geist ist in der Welt angenehm und reizend, – dort entsteht und entspringt eben dieser Durst, dort setzt er sich fest und greift um sich. Körperliche Formen, – Töne, – Düfte, – Säfte, – tastbare Dinge, – Denkobjekte sind in der Welt angenehm und reizend; dort entsteht und entspringt eben dieser Durst, dort setzt er sich fest und greift um sich. Das Seh-Bewußtsein, – das Hör-Bewußtsein, – das Riech-Bewußtsein, – das Schmeck-Bewußtsein, – das Tast-Bewußtsein, – das Denk-Bewußtsein ist in der Welt angenehm und reizend; dort entsteht und entspringt eben dieser Durst, dort setzt er sich fest und greift um sich.« Der weitere Text erläutert gemäß dem Ursache-Wirkungs-Prinzip im einzelnen die Folgen der verschiedenen Wahrnehmungsweisen in stereotypen Wendungen, die hier nicht im Wortlaut wiederholt werden sollen. Exemplarisch verdeutlicht an einer der sechs aufgeführten Wahrnehmungsweisen wird hier nur verkürzt der Begründungszusammenhang wiedergegeben: *»Die Sehberührung (...) Die aus der Seh-Berührung resultierende Empfindung (...) Die Wahrnehmung der körperlichen Formen (...) Das Überlegen hinsichtlich der körperlichen Formen (...) Der Durst nach körperlichen Formen (...) Das Denken an körperliche Formen (...) Das Nachsinnen über körperliche Formen (...) ist in der Welt angenehm und reizend; dort entsteht und entspringt eben dieser Durst, dort setzt er sich fest und greift um sich. Dies, ihr Mönche, nennt man die hohe Wahrheit von der Entstehung des Leidens.*

Die dritte Wahrheit ist »*die hohe Wahrheit von der Aufhebung des Leidens*«, die der Buddha mit folgenden Worten umschreibt: »*(...) Es ist eben dieses Durstes spurloses, restloses Aufheben, Aufgeben, Verwerfen, Ablegen, Vertreiben. Wo aber, ihr Mönche, wird eben dieser Durst aufgegeben und verlassen? Wo verschwindet er und vergeht? Was da in der Welt angenehm und reizend ist, dort wird eben dieser Durst aufgegeben und verlassen, dort verschwindet er und vergeht.*

Die vierte und letzte Wahrheit, die »hohe Wahrheit von dem zur Aufhebung des Leidens führenden Pfade«, beschreibt einen achtstufigen Meditationsweg der Selbsterlösung aus dem als unheilvoll empfundenen Samsara: »*(...) Es ist dieser hohe achtteilige Weg, nämlich rechte Anschauung, rechte Gesinnung, rechtes Reden, rechtes Handeln, rechte Lebensführung, rechter Kampf, rechtes Gedenken, rechte Konzentration. Was, ihr Mönche, ist rechte Anschauung? Die Erkenntnis des Leidens, die Erkenntnis der Entstehung des Leidens, die Erkenntnis des zur Aufhebung des Leidens führenden Pfades. Das, ihr Mönche, nennt man rechte Anschauung. (...) Und was, ihr Mönche, ist rechte Konzentration? Abgeschieden von den Sinnenlüsten, abgeschieden von unheilsamen Zuständen gewinnt ein Mönch die mit Denken und Sinnen verbundene, aus der Abgeschiedenheit entstandene, von Freude und Glück erfüllte erste Versenkung und verweilt darin. – Nach Beruhigung des Denkens und Sinnens gewinnt er die innere Sammlung, die Einheit des Geistes, die von Denken und Sinnen freie, aus der Konzentration entstandene, von Freude und Glück erfüllte zweite Versenkung und verweilt darin. – Und nach dem Verschwinden der Freude lebt er gleichmütig, klar bewußt und besonnen, und empfindet leibhaftig jenes Glück, von dem die Edlen sagen: ›Der Gleichmütige und Besonnene lebt glücklich.‹ So gewinnt er die dritte Versenkung und verweilt darin. – Und nach dem Schwinden von Freud' und Leid und nach dem Untergang des früheren Frohsinns und Trübsinns gewinnt er die jenseits von Freude und Leid liegende vierte Versenkung, wo*

Gleichmut und klare Besinnung in voller Reinheit bestehen, und verweilt darin. – Das, ihr Mönche, nennt man die rechte Konzentration. Dies, ihr Mönche, nennt man die hohe Wahrheit von dem zur Aufhebung des Leidens führenden Pfade.« Soweit dieser Sutta-Text, der einen Eindruck vermittelt von dem prinzipiellen Aufbau dieser Lehrreden. Manche Texte enden damit, daß ein Zuhörer seine Zuflucht zum Buddha, zum Dhamma (= buddhistische Lehre) und zum Sangha (Mönchsgemeinschaft) nimmt. Mit dieser auch als »dreifache Zufluchtnahme« bezeichneten Formel wird in den Texten der Eintritt in die Buddha-Gefolgschaft umschrieben.

Das Nirvana

Am Ende dieses schwer zu gehenden Meditationsweges des allmählichen, sich immer weiteren Zurückziehens von allen äußeren, letztlich auch allen inneren Einflüssen im Verlauf des immer tiefer fortschreitenden Versenkungsprozesses steht das Nirvana, steht die Befreiung aus dem Samsara. Ein Buddha in diesem Zustand hat die an den Wiedergeburtskreislauf bindenden und Unwissenheit verursachenden Kardinalübel Gier, Haß und Verblendung ein für allemal abgelegt. Was dieses Nirvana selbst eigentlich ist, formulieren die Texte allenfalls negierend etwa als »ohne Ende« (an-anta), »un-ermeßlich« (a-mata), oder »un-gemacht« (a-kata). Denn im Grunde, so die Auffassung, entzieht es sich jeder erdenklichen Erfaßbarkeit.

Wenn auch nur vordergründig vergleichbar der christlichen Lehre vom ewigen Leben als etwas, was nach dem Tod, also in der Zukunft, erst eintritt, aber für den, der in der Nachfolge Christi steht, schon jetzt in der Gegenwart beginnt, unterscheidet der Buddhismus zwei Formen des Nirvana. So gibt es ein Nirvana (das »dhitta-dhamma-nibbana«), das man als »diesseitiges Nirvana« bezeichnen könnte, und ein Nirvana (das »pari-nibbana«), in das man

erst nach dem Tod eintritt, und das man infolgedessen als
»jenseitiges Nirvana« bezeichnen könnte. Im »Itivuttaka«
in der Übersetzung von Karl Seidenstücker heißt es dazu:
»*Diese zwei Nibbana-Bereiche sind von einem solchen klar
Sehenden, Befreiten, enthüllt worden: der eine Bereich hinieden, der gegenwärtigen Erscheinung angehörend, ist mit dem
Rest von Beilegungen behaftet und besteht in der Vernichtung des Lebensdranges. Der von dem Rest von Beilegungen
freie (Bereich) aber ist der zukünftige, in welchem alle Arten
des Werdens verschwunden sind. Die diese nichtgestaltete
Stätte erkannt haben, die Geisterlösten, deren Lebensdrang
vernichtet ist, – diese so Beschaffenen haben, dieser Vernichtung froh, das Wesen der Erscheinungen erreicht und sich jeder Art des Werdens entäußert.‹ Auch dies ist vom Erhabenen
gesagt worden, so habe ich gehört.*«

Vorstellungen von einem persönlichen Gott als höchstes Wesen sind dem Buddhismus ursprünglich fremd.
Dies ändert sich, auch als eine Folge zunehmender Vereh-
rung des historischen Buddha als überweltliches Wesen,
im Mahayana. Doch die grundlegenden Lehren bestehen
uneingeschränkt fort.

Auszüge aus Lehrtexten des Mahayana

Das Bodhisattva-Ideal

Die mit dem Mahayana einsetzende »zweite Drehung des
Rades der Lehre« hat ihren Ursprung schon wenige Jahrhunderte nach dem Tod Buddhas, als sich auf dem Vaishali-Konzil insbesondere die Schule der »Mahasanghikas«
von dem als zu eng empfundenen, nur auf Selbsterlösung
bedachten, mönchischen Arhat-Ideal lossagte. Ein Anhänger des Mahayana gelobt, sein Streben nach Erleuchtung
immer auch in den Dienst seiner Mitmenschen zu stellen,
wie ein Auszug aus dem »Aryavajradhvajasutra« in der
Übersetzung von Moritz Winternitz belegt. Der Lehrtext

steht in der »Shikshasamuccaya«, einem Kompendium von
Mahayana-Sutras, des Mönches Shantideva (695–ca.735
n.c.): »*Und ich nehme auf mich die Last aller Leiden, ich bin
dazu entschlossen, ich ertrage sie. Ich kehre nicht um, ich
fliehe nicht, ich zittere nicht und bebe nicht, ich fürchte mich
nicht, ich weiche nicht zurück und ich verzage nicht. Und
warum das? Weil ich unbedingt die Last aller Wesen auf mich
nehmen muß. Das ist nicht mein freier Wille. Die Rettung aller Wesen ist mein Gelöbnis; von mir müssen alle Wesen befreit werden. Von mir muß die ganze Welt der Lebenden gerettet werden. Aus der Wildnis der Geburt, aus der Wildnis
des Alters, aus der Wildnis der Krankheit, aus der Wildnis des
Todes, aus der Wildnis aller Arten von Unheil, aus der Wildnis der schlechten Daseinsformen, aus der Wildnis des ganzen Kreislaufes der Wiedergeburten, aus der Wildnis aller
Irrlehren, aus der Wildnis des Verlierens der guten Religion,
aus der durch Unwissenheit entstandenen Wildnis, aus allen
diesen Wildnissen muß ich alle Wesen erretten (. . .) Ich wirke
für die Befestigung des unvergleichlichen Reiches der Erkenntnis für alle Wesen. Ich bemühe mich nicht bloß um
meine eigene Erlösung. Denn alles diese Wesen müssen von
mir mit dem Boot des Gedankens an die Allwissenheit aus der
Flut des Samsara herausgeholt werden.*«

Erlöser- und Erlösungsvorstellungen

In den folgenden Jahrhunderten wuchs sich das Bodhisattva-Ideal zu einem Heilsweg mit einem umfangreichen
Pantheon, bestehend aus einer Vielzahl transzendenter
Buddhas und Bodhisattvas, aus. Diese transzendenten We-
senheiten wurden Göttern gleich angebetet und verehrt als
solche, die trotz ihrer Erleuchtung ihr Eingehen ins Nirvana aufschieben und auf einer Vorstufe verweilen oder sozusagen aus dem Jenseits wieder ins Diesseits kommen, um
in der Welt als Erlösungshelfer bis hin zur Selbstaufopfe-
rung zum Heil der Menschen zu wirken.

Geradezu wie eine Heilandgottheit verehrt wurde der transzendente Bodhisattva Avalokiteshvara, dessen tiefe und allumfassende Mitleidensfähigkeit mit den noch im Samsara verstrickten Geschöpfen besonders herausgestellt wird. So heißt es beispielsweise im »Karandavyuhasutra«, übersetzt von Moritz Winternitz: *»Höret ihr Söhne aus dem edlen Geschlecht, der Bodhisattva Mahasattva Avalokiteshvara ist eine Lampe für die Blinden, ein Sonnenschirm für die von Sonnenglut verbrannten, ein Fluß für die Verdurstenden; er schafft denen, die in Furcht vor Gefahren sind, Furchtlosigkeit; er ist ein Arzt für die von Krankheit Gequälten, den Unglücklichen ist er Mutter und Vater, den in die Hölle Gestürzten weist er den Weg zum Nirvana. Solcher Art sind die Eigenschaften dieses Erhabenen. Glücklich sind die Wesen in der Welt, die seines Namens gedenken. Sie entrinnen allem und jedem Leiden des Samsara ganz und gar. Gar klug sind die Menschen, die dem Avalokiteshvara stets Ehrengeschenke von Blumen und Weihrauch darbringen.«*

In Japan wurde der transzendente Buddha Amida (= Amitabha) hoch verehrt. Er gilt als der Buddha der Liebe. Es heißt, wer an ihn glaubt, wird gerettet. Die Beschreibung seines »Sukhavati«-Landes liest sich wie die Beschreibung eines Paradieses und erinnert in manchem an die Paradiesvorstellungen des Koran. In der Übersetzung von Moritz Winternitz aus dem »Sukhavativyuhasutra« steht: *»Nun denn, Ananda, die Welt Sukhavati dieses erhabenen Amitabha ist reich und blühend, behaglich, reichlich mit Nahrung versehen, lieblich und von zahlreichen Göttern und Menschen erfüllt. In dieser Welt, Ananda, gibt es keine Höllen, keine Tiergeburt, kein Gespensterreich, keine Dämonenleiber und überhaupt keine unwillkommenen Daseinsformen. Und die Edelsteine, die es in der Welt Sukhavati gibt, kommen in dieser Welt nicht zum Vorschein. Und wahrlich, Ananda, diese Welt Sukhavati ist von allerlei wohlriechenden Düften durchweht, reich an allerlei Blumen und Früchten, geschmückt mit Edelsteinbäumen und bewohnt von Scharen lieblich singender Vögel, die der Tathagata durch seine Wunderkraft hervorgebracht hat.«*

Weiterführende Literatur

Baeck, Leo: Das Wesen des Judentums. Darmstadt 1966.

Baumann, Arnulf H. (Hg.): Was jeder vom Judentum wissen muß. 8. überarb. Aufl. Gütersloh 1997.

Gamm, Hans-Jochen: Das Judentum – Eine Einführung. Frankfurt/M., New York 1990.

Mayer, Günter (Hg.): Das Judentum. Stuttgart, Berlin, Köln 1994 (Die Religionen der Menschheit. 27).

Kirchen- und Theologiegeschichte in Quellen (5 Bde). Neukirchen-Vluyn 1979.

Küng, Hans: Existiert Gott? Antwort auf die Gottesfrage der Neuzeit. München 1992.

Zink, Jörg: Was Christen glauben. Gütersloh 1999.

Forward, Martin: Mohammed – der Prophet des Islam, sein Leben und seine Wirkung. Freiburg i.Br., Basel, Wien 1998.

Jockel, Rudolf (Hg.): Islamische Geisteswelt – Von Mohammed bis zur Gegenwart. 2. Aufl. Wiesbaden 1981.

Khoury, Adel Theodor: Islam kurz gefaßt. Frankfurt/M. 1998.

Was jeder vom Islam wissen muß (Hrsg. v. Lutherischen Kirchenamt der VELKD und vom Kirchenamt der EKD). 5. verbesserte und ergänzte Auflage, Gütersloh 1996.

Glasenapp, Helmuth von: Indische Geisteswelt (2 Bde). Wiesbaden um 1958.

Michaels, Axel: Der Hinduismus. München 1998.

Zaehner, Robert Charles: Der Hinduismus – Seine Geschichte und seine Lehre. München 1964.

Brück, Michael von: Was jeder vom Buddhismus wissen muß. Gütersloh 2000.

Buddha, Die Lehre des Erhabenen. Aus dem Palikanon ausgew. u. übertr. v. Paul Dahlke. 2. Aufl. München 1978.

Klimkeit, Hans-Joachim: Der Buddha – Leben und Lehre. Stuttgart 1990.

Mensching, Gustav: Buddhistische Geisteswelt – Vom Historischen Buddha zum Lamaismus. Wiesbaden o. J.